古典文獻研究輯刊

十六編

潘美月・杜潔祥 主編

第27冊

漢代文獻學及其思想研究

陳一梅 著

國家圖書館出版品預行編目資料

漢代文獻學及其思想研究／陳一梅 著 — 初版 — 新北市：花
木蘭文化出版社，2013〔民102〕
序 2+ 目 2+166 面；19×26 公分
（古典文獻研究輯刊 十六編：第 27 冊）
ISBN：978-986-322-178-4（精裝）
1. 文獻學 2. 漢代
011.08 102002364

ISBN-978-986-322-178-4

9 789863 221784

古典文獻研究輯刊
十六編 第二七冊 ISBN：978-986-322-178-4

漢代文獻學及其思想研究

作　　者	陳一梅
主　　編	潘美月 杜潔祥
總 編 輯	杜潔祥
企劃出版	北京大學文化資源研究中心
出　　版	花木蘭文化出版社
發 行 所	花木蘭文化出版社
發 行 人	高小娟
聯絡地址	235 新北市中和區中安街七二號十三樓
	電話：02-2923-1455／傳眞：02-2923-1452
網　　址	http://www.huamulan.tw 信箱 sut81518@gmail.com
印　　刷	普羅文化出版廣告事業
初　　版	2013 年 3 月
定　　價	十六編 30 冊（精裝）新台幣 50,000 元

漢代文獻學及其思想研究

陳一梅　著

作者簡介

陳一梅（1969 ～ 2010），女，江蘇南京人。1992 年獲西北大學歷史學碩士學位。2007 年獲西北大學歷史學博士學位。西北大學歷史學院副教授，陝西師範大學博士後。主要從事歷史文獻學教學和研究。承擔國家社科基金、國家重大出版專項、陝西省社科基金、西安市哲學社會科學基金等科研專項 7 項，編著出版《中國歷史文選》、《中華古詩文名篇誦讀》、《中國書法思想史》、《黃帝祭祀研究》、《黃陵縣志校注》等著作 7 部，在《中國史研究》等期刊發表學術論文 10 餘篇。曾獲陝西省哲學社會科學優秀成果獎。

提　　要

　　文獻是人類物質文明和精神文明發展的記錄；文獻學是人們圍繞文獻展開的科學研究。周秦時期人們在長期的文獻活動中，形成了基本的文獻觀和方法論，文獻學因此萌生並為漢代文獻學思想的形成奠定了理論基礎。文獻學在漢代成為專學，它以周秦遺產為資本、從時代土壤汲取養分，在政府的大力支持和學者們的傾心研習下得到了長足的發展，並自覺而形成為學術思想理論。漢代文獻學以校讎學、經學、辨偽學為主要學術形式，以「辨章學術，考鏡源流」、「多聞闕疑，無徵不信」、「崇廣道藝，融會和合」為主要理論內容。漢代文獻學主張積極入世、追求經世致用，並受時代思潮的影響，顯示出與「大一統」、「天人感應」相呼應的思想特徵。漢代文獻學思想的最大時代缺陷，是對政治的屈從。漢代文獻學及其思想確定了中國文獻學的基礎和發展路向，在學術史上具有深遠影響。

序

黃留珠

　　關於漢代文獻學的研究，學界所做的工作應該說是相當多也相當充分了。然而有關漢代文獻學思想的研究，卻實在是鳳毛麟角，明顯屬於空白點。陳一梅的博士學位論文《漢代文獻學及其思想研究》，正好填補了這個研究的缺環，因此也就有了它特別的學術價值和學術意義。

　　按照一梅博士的看法，認爲：周秦時期人們在長期的文獻活動中，形成了基本的文獻觀和方法論，文獻學因此萌生並爲漢代文獻學思想形成奠定了理論基礎；在漢代，文獻學成爲專學，它以周秦遺產爲資本，從時代土壤汲取養分，在政府的大力支持和學者們的傾心研習下得到了長足發展，並自覺而形成爲學術思想理論；漢代文獻學以校讎學、經學、辨僞學爲主要學術形式，以「辨章學術，考鏡源流」、「多聞闕疑，無徵不信」、「崇廣道藝，融會和合」爲主要理論內容，主張積極入世，追求經世致用，並受時代思潮的影響，顯現出與「大一統」、「天人感應」相呼應的思想特徵；漢代文獻學思想的最大缺陷，是對政治的屈從；漢代文獻學及其思想確定了中國文獻學的基礎和發展路向，在學術史上具有深遠影響。

　　我以爲，上述這些觀點雖是一梅博士的一家之言，但對漢代文獻學思想的研究來說，顯然是具有某種奠基作用的。以後凡治漢代文獻學思想的學者，恐怕無論如何也難以繞過這些論述而不予參考。

　　一梅博士任職於西北大學歷史系文獻教研室，2001 年考爲我的研究生，在職攻讀博士學位。她根據自己的專業特長，並採納我的建議，選定圍繞「漢代文獻學思想」爲題來撰寫學位論文。然而正當她全力以赴之際，卻不幸病魔纏身以致中斷學業。後經數年時間，終於抱病完成了論文並以優秀的成績

通過答辯獲得學位。在此過程中，她所表現出的驚人毅力，令人感動和敬佩。

一梅博士待人和藹可親，人緣極好，悟性也極高，是典型的才女。特別是對待學生，她循循善誘，全身心投入，是位難得的好老師。然而可惜天不假年，當她獲博士學位後不幾年，因勞累過度而舊病復發，並最終奪去了她年輕的生命。一梅博士的匆匆離去，給我們留下了無限的思念與惋惜！

感謝臺灣花木蘭文化出版社慨然決定出版陳一梅博士的遺作！這對於逝者來說，無疑是最大的安慰。西北大學博物館副館長、原文博學院副院長侯宗才先生為這部遺作的出版付出了辛勤的勞動；一梅博士的家人更為此書的出版給予了全力的支持與密切的配合。這一切，使之能以最快的速度付梓面世惠及學林，在此特作說明並致謝。

是為序。

2012／9／13 草於西北大學桃園區鏘音閣

目

次

引　論

一、關鍵詞概述

作爲本項研究的主要論題，「文獻」、「文獻學」、「文獻學思想」的概念界定長期以來一直是學界聚訟。《文獻》雜誌社在 20 世紀 80 年代中期曾經專門組織了「關於文獻和文獻學問題的討論」，但二十年的時間過去，至今仍未聞有共識形成。本著「必也正名」的原則，在研究展開之前需先對這些關鍵詞進行本文立場上的界說。

1、文獻

「文獻」一詞的最早出處，一般認爲是《論語・八佾》所記孔子的一段感慨〔註1〕：

> 夏禮吾能言之，杞不足徵也；殷禮吾能言之，宋不足徵也。文獻不
> 足故也。足，則吾能徵之矣。

與此段記載內容相似的文字又見《禮記・禮運》〔註2〕：

> 孔子曰：我欲觀夏道，是故之杞，而不足徵也，吾得《夏時》焉。
> 我欲觀殷道，是故之宋，而不足徵也，吾得《乾坤》焉。

對二者進行比勘，不難發現《夏時》、《乾坤》與「文獻」之間所存在的意義關聯——儘管並非出於刻意，但客觀上它們已經透露了後者的某些信息。

〔註 1〕魏・何晏注，宋・邢昺疏：《論語注疏》，清・阮元校刻《十三經注疏》本，上海古籍出版社，1997 年。下文引《論語》版本同。

〔註 2〕漢・鄭玄注，唐・孔穎達等正義：《禮記正義》，清・阮元校刻《十三經注疏》本，上海古籍出版社，1997 年。下文引《禮記》版本同。

首先對孔子所謂「文獻」進行正式解說的，目前所知是東漢鄭玄。據鄭注說〔註3〕：

> 獻，猶賢也。我不以禮成之者，以此二國之君，文章賢才不足故也。

這裡明確指出「文獻」就是「文章賢才」。釋「文」爲「文章」不存在什麼問題。《說文》有「文，錯畫也，象交文」〔註4〕，在此基礎上它很早就衍生出「圖畫」、「文字」之義。釋「獻」爲「賢」卻令人有些費解。《說文》云：「獻，宗廟犬名羹獻，犬肥者以獻之。從犬，鬳聲」。作爲祭祀的犧牲與賢才之間究竟有什麼關聯？清代段玉裁據《尚書·周書·大誥》中的「民獻有十夫」在《尚書大傳》中作「民儀有十夫」得出「獻」、「儀」通假的結論，並對鄭注「獻猶賢也」進行解釋，認爲「凡訓詁之例，義隔而通之曰猶。『獻』本不訓『賢』，直以其爲『儀』字之假借，故曰猶賢也」〔註5〕近人劉師培在段氏基礎上作了進一步論說〔註6〕：

> 儀、獻古通。書之所載謂之文，即古人所謂典章制度也。身之所習
> 謂之儀，即古人所謂動作威儀也……孔子言夏、殷文獻不足，謂夏、
> 殷簡策不備，而夏、殷之禮鮮習行之士也。

但以「儀」爲中介溝通「獻」、「賢」，這種迂迴解釋頗嫌牽強。

當代張富祥則對鄭注本身持有異議，認爲獻「大概在初是指祭祀活動中的犬牲獻，亦指一切犧牲的進獻；及祝辭頌語或其他與享薦相關的內容形於文字，寫於簡牘或縑帛之上獻於祖宗神靈，則按之事物名義，便當稱之爲『文獻』」〔註7〕。此說在以下兩個方面缺乏證據：一，孔子期以證「禮」的文獻就是祭祀文獻；二，簡牘縑帛在夏商時期已是文獻的載體。因此它並不周延。

其實如果把研究的目光投注於「獻」字自身的音義，還是能夠觀察到一些「獻」之「猶賢」的依據。獻的「奉獻」之意早出，如《詩經·國風·七月》有「獻豜於公」〔註8〕、《國語·吳語》有「大夫種乃獻謀」〔註9〕等等。

〔註3〕 《論語·八佾》何注引鄭注。
〔註4〕 漢·許慎撰，清·段玉裁注：《說文解字注》，上海古籍出版社，1988年。下文引《說文》版本同。
〔註5〕 清·阮元：《清經解》，第四冊，第33、82頁，上海書店，1988年。
〔註6〕 劉師培：《文獻解》，《劉師培全集》第3冊，中共中央黨校出版社，1997年。
〔註7〕 張富祥：《宋代文獻學研究》，第2頁，上海古籍出版社，2006年。
〔註8〕 漢·毛亨傳，漢·鄭玄箋，唐·孔穎達等正義：《毛詩正義》，清·阮元校刻《十三經注疏》本，上海古籍出版社，1997年。下文引《詩經》版本同。
〔註9〕 上海師大古籍整理組校點：《國語·吳語》，上海古籍出版社，1978年。下文

在書寫條件極其低下的時代，具備豐富知識的賢者關於知識信息的每一次奉獻，對社會上層乃至整個社會而言都顯得極爲重要；而獻言獻策似乎也成爲賢者的義務和職責。如《國語》中記載當周厲王暴虐無道結怨國人時，召公對他進行了這樣一番說教〔註10〕：

> 天子聽政，使公卿至於列士獻詩，瞽獻曲，史獻書，師（獻）箴，瞍（獻）賦，矇（獻）誦，百工（獻）諫，庶人傳語，近臣盡規，親戚補察，瞽、史教誨，耆、艾修之，而後王斟酌焉，是以事行而不悖。

在這段著名諫言中，「獻」的主語都是其時賢才，賓語都是由賢才保存或掌握的極具價值的系統知識。又如《左傳‧隱公元年》記載，當鄭莊公對自己驅弟囚母的行爲流露出懊惱之意時，穎考叔挺身而出，「有獻於公」，把莊公已經跌落的面子拾揀起來〔註11〕。穎考叔所獻，不是具體的物什，而是以言、策爲外在形式的聰明才智。「賢者之獻」是有重要價值的知識，孔子所謂「獻」正有此意；賢者本人又是知識和智慧的化身，《逸周書‧諡法解》即以「博聞多能」、「聰明睿哲」爲「獻」，故而鄭玄謂「獻猶賢也」。

看來鄭玄對「文獻」的闡釋是精準恰當的。正因其精當，後代大家多循此說。如南宋朱熹注爲「文，典籍也；獻，賢也」〔註12〕，清劉寶楠注爲「文謂典冊，獻謂秉禮之賢士大夫」〔註13〕。今人程樹德亦以文爲「成籍」、獻爲「老於典故者」〔註14〕。可以說在孔子所謂「文獻」的涵義問題上，古今學者在較爲廣泛的學術範圍內達成了一致，即「文」指成文典籍、「獻」指博聞多能者及其所負載的知識。正是由於「惜乎既無成籍可據，又鮮老於典故者相質，無徵不信」，夫子才「不禁流連而三歎也」〔註15〕。鑒於孔子毋庸置疑的代表性和影響力，我們推知這也是那個時代對文獻的普遍認知。

引《國語》版本同。
〔註10〕《國語‧周語》。
〔註11〕晉‧杜預注，唐‧孔穎達等正義：《春秋左傳正義》，清‧阮元校刻《十三經注疏》本，上海古籍出版社，1997年。下文引《左傳》版本同。
〔註12〕宋‧朱熹：《四書集注‧論語集注》，第85頁，嶽麓書社，1988年。
〔註13〕清‧劉寶楠：《論語正義》，第92頁，中華書局，1990年。
〔註14〕程樹德：《論語集釋》卷五《八佾上》，第1冊，第164頁，中華書局，1990年。
〔註15〕程樹德：《論語集釋》卷五《八佾上》，第1冊，第164頁，中華書局，1990年。

　　有證據表明這種認知的影響一直持續到秦漢時期。秦代鉗制思想文化的重要舉措有兩項：焚書坑儒和以吏爲師。就焚書坑儒而言，所焚之書是用文字記載的、不利思想統一的文化知識；所坑之儒是掌握足以「惑亂黔首」的文化知識的知識份子。就以吏爲師而言，更是視「吏」爲文化知識的肉體載體。西漢初期儒家的重要學術成就也多賴口耳相傳，如《公羊傳》和《穀梁傳》至漢景帝時才先後成書，但這絲毫沒有影響它的傳承與推廣。司馬遷寫作《史記》過程中的信息來源也主要有「史記石室金匱之書」和「天下放失舊聞」兩個方面〔註16〕，顯然前者是登於典冊的「文」而後者是傳於長老耆舊的「獻」。可見先秦經秦而至於漢，文獻的概念是一脈相承的。

　　中國古代文明有一個甚爲突出的特點，即其歷史的不間斷性。這種不間斷性致使文獻成爲一個流動的概念——前賢的見聞、事迹、經歷、口傳一旦登於典冊，就由「獻」變成了「文」；今日之文未嘗不是昔日之獻，今日之獻亦可作來日之文。從理論上講，自「獻」至「文」的概念流動應始於文字產生並用於記載。先秦時期這種流動的痕迹已很明顯，如對於孔子的弟子來說，老師孔子及其負載的知識信息是名副其實的「獻」；而被老師以言行等方式卸載的知識一經文字記錄輯成典籍傳世，又成了不折不扣的「文」。隨著書寫條件的不斷完善，獻轉變爲文的過程也不斷縮短。當「文獻」一詞隱身千餘年後在宋代重新進入我們的視野時〔註17〕，它已經有了新的內涵。儘管稽古心理令此期文人對「文獻」最初所指仍存記憶，如陸游《謝徐君厚汪叔潛攜酒見訪》詩中有「衣冠方南奔，文獻往往在」〔註18〕、周必大表彰當時文化望族家學淵源時亦稱「文獻相承，衣冠不絕」〔註19〕，但歲月長河還是漫漶了兩者間的界線——呂祖謙《祭林宗丞（之奇）文》提到「昔我伯祖西垣公（呂本中）躬受中原文獻之傳，載而之南」〔註20〕，文天祥所謂「負宇宙之志、出文獻之傳」〔註21〕，謝枋得自許「愚忝中原文獻之傳，頗知大節」〔註22〕，其中的「文獻」都不再強調兩個相對獨立的概念。

〔註16〕《史記》卷130《太史公自序》，中華書局二十四史點校本。下文引《史記》版本同。
〔註17〕據目前材料，自漢至唐「文獻」於諡號之外不見他用。
〔註18〕宋·陸游著，錢仲聯校注：《劍南詩稿校注》，上海古籍出版社，2005年
〔註19〕宋·周必大：《文忠集》，文淵閣四庫全書本。
〔註20〕宋·呂祖謙：《東萊集》，卷8，文淵閣四庫全書本。
〔註21〕宋·文天祥：《文山集》，卷9，文淵閣四庫全書本。
〔註22〕宋·謝枋得：《疊山集》，卷3，文淵閣四庫全書本。

　　宋末元初，馬端臨著成現知我國第一部以「文獻」爲名的典籍《文獻通考》〔註23〕。雖然馬氏刻意區別「文」「獻」並在該書《總序》中專門對二者進行了如下的界說：

> 凡敘事，則本之經史，而參之以歷代會要以及百家傳記之書，信而有徵者從之，乖異傳疑者不錄：所謂文也。凡論事，則先取當時臣僚之奏疏，次及近代諸儒之評論，……可以訂典故之得失、證史傳之是非者，則採而錄之：所謂獻也。〔註24〕

但事實上此處的「文」與「獻」都是經由文字記錄的史料。其後元代詩人楊維禎在《送僧歸日本》詩末寫道「我欲東夷訪文獻，歸來中土校全經」〔註25〕，明代《永樂大典》編纂之初曾名《文獻大成》〔註26〕，清人朱筠「銳然以興起斯文爲己任，搜羅文獻，表彰風化」〔註27〕，近人張元濟「睹喬木而思故家，考文獻而愛舊邦」〔註28〕──「文獻」都是指圖書資料。可見秦漢以降的歷史發展過程中，「文獻」一詞的重心不斷向「文」偏移，人們逐漸習慣於「文」中尋「獻」，「獻」字最終成了具文。

　　以現代漢語語法進行分析，「文獻」已是不能割裂開來理解的、只含有一個語素的名詞。由於知識信息的日漸宏富、記錄手段的愈益提高、載體形式的不斷變化，這個名詞的內容也越來越複雜。在不同研究者的視域中，文獻呈現出的性狀也不盡相同：或是「以一定方式將人類所獲得的知識或信息記錄於一定載體之上所形成的東西」〔註29〕；或是「以文字記錄形成保存的反映人類社會文明進步的資料」〔註30〕；或是「以字元、聲像等爲信號的、以便於長期保存和廣泛傳播的物體爲通道或載體的人類精神信息的固態品」〔註31〕；或是「用一定的技術手段把一定的信息內容記錄到一定的載體上形成的

〔註23〕有學者提到金代耶律楚材之父耶律履（《金史》作移剌履）有《文獻公集》15卷傳世，且耶律履生卒年鈞早於馬端臨。但此「文獻」實爲耶律履的諡號。見元・脫脫等：《金史》卷95《移剌履傳》，中華書局二十四史點校本。
〔註24〕元・馬端臨：《文獻通考》，第1冊，第3頁，中華書局，1972年。
〔註25〕元・楊維禎：《東維子文集》，卷5。《四部叢刊》初編本。
〔註26〕清・張廷玉等：《明史》卷98《藝文志三》，中華書局二十四史點校本。
〔註27〕趙爾巽等：《清史稿》卷485《朱筠傳》，中華書局點校本。
〔註28〕張元濟：《四部叢刊徵啓》，《四部叢刊書錄》卷首。
〔註29〕尚克聰：《文獻概念的演變及其科學定義》，《情報學刊》1983年第2期。
〔註30〕邵勝定：《說文獻》，《文獻》1985年第4期。
〔註31〕朱建亮：《論文獻觀》，《圖書情報工作》1986年第6期。

存儲型傳遞媒介」〔註32〕；或是「一種發展著的文化現象」〔註33〕；或是「專指由文字記錄的書面材料」〔註34〕，等等。其中國家標準局所作文獻是「記錄有知識的一切載體」〔註35〕的定義涵蓋面最廣。但從邏輯上講，外延與內涵是此消彼長的；一旦涉及具體問題，「一切載體」的說法就顯得過於模糊。例如書面文獻不包括口語；古典文獻不包括音頻視頻，等等。因此對文獻進行界說時，還應考慮其具體語境。

作爲本文關鍵詞的「文獻」不是「形成於先秦兩漢的文獻」而是指先秦兩漢語境中的文獻。根據上文的分析，它主要指當時社會流傳的、由文字和知識份子負載的、具有重要價值的知識信息；由文字書寫、記錄有系統信息、編連成冊的典籍因其持久、延續、普遍和廣被的優勢逐漸成爲其中的絕大多數。

2、文獻學

相對於「文獻」而言，「文獻學」一詞出現得很晚。據現有材料，這個名詞在 20 世紀 20 年代才進入人們的視線，當時主要兩見。一見 1920 年梁啓超所著《清代學術概論》〔註36〕：

> 清代史學極盛於浙，鄞縣萬斯同最稱首出。斯同則宗義弟子也。其後斯同同縣有全祖望，亦私淑宗義，言文獻學者宗焉。

一見 1928 年鄭鶴聲、鄭鶴春所著《中國文獻學概要》的「例言」〔註37〕：

> 集解、翻譯、編纂諸端，謂之文；審訂、講習、印刻諸端，謂之獻。
> 敘而述之，故曰文獻學。

梁著提到的「文獻學」實指史學，對此梁氏在其《中國近三百年學術史》之「清初史學之建設」中表述得更加明確〔註38〕：

> 明清之交各大師，大率都重視史學——或廣義的史學，即文獻學。
> 試一閱亭林、梨洲、船山著家著述目錄，便可以看出這種潮流了。

〔註32〕周文俊主編：《圖書館學情報學辭典》，書目文獻出版社，1991 年。
〔註33〕謝灼華：《關於文獻定義的哲學思考》，《圖書情報論壇》1993 年第 3 期。
〔註34〕孫欽善：《中國古文獻學》，第 1 頁，北京大學出版社，2006 年。
〔註35〕國家標準局：《中華人民共和國國家標準·文獻著錄總則》，GB3792.1-83。
〔註36〕梁啓超：《清代學術概論》，第 18 頁，東方出版社，1996 年。
〔註37〕鄭鶴聲、鄭鶴春撰，鄭一奇導讀：《中國文獻學概要》，第 1 頁，上海古籍出版社，2001 年。
〔註38〕梁啓超：《中國近三百年學術史》，第 105～106 頁，東方出版社，1996 年。

將文獻學與史學之間畫上等號，顯然混淆了二者的研究對象和範圍。二鄭對文獻的解釋實屬一家之言，對文獻學的定義也失之籠統。儘管作爲現知我國第一部正式以「文獻學」命名的著作，鄭書將文獻的集解、翻譯、編纂、審訂、講習、印刻納入文獻學的範圍，「涉及了古籍的分類目錄、點校整理」、研究中「有關於目錄學、版本學、編纂學、校勘學以及中國書史等許多方面的內容」〔註39〕，但觀其全書內容，更像是一部中國文獻流佈史。

　　學界還有一種觀點認爲，作爲科學體系的文獻學建立於 20 世紀以後；在中國系統地研究文獻與文獻學始於 20 世紀 50 年代〔註40〕。的確，從世界範圍看，在 1905 年召開於倫敦的國際經濟會議上，比利時學者保爾‧歐萊特在其所作《有關經濟資料的情報文獻工作的組織管理》報告中，首次提出「文獻工作」的名稱；該名稱在 1908 年第四次國際書目文獻會議上的公開使用，通常被認爲是文獻活動和文獻學研究作爲一個專門的實踐和理論研究領域在國際學術界得到承認的標誌〔註41〕。在中國本土，以 20 世紀 50 年代王欣夫於復旦大學開講文獻學課程爲開端，大量學者開始投身文獻學探研，西方學術思想影響下的中國文獻學逐步得以建立。

　　但是有兩個問題值得注意：一，中西方的文獻觀與文獻內涵不同，如與漢語「文獻」相應的英文名詞「document」、「literature」等，究其語義都不能與漢語「文獻」完全契合〔註42〕，因此彼文獻學非此文獻學。二，上世紀中葉以來令多數研究者更爲關注和用力的，是文獻學學科體系的建設問題。換言之，他們所致力的研究，是對文獻學而不是對文獻的研究。不可否認構建完善的學科體系是現當代文獻學的發展趨勢和重要任務，但文獻畢竟是文獻學的基本對象，研究文獻本身畢竟是文獻學的傳統和文獻學在任何一個發展階段都不應偏離的目標。胡適早在上世紀 20 年代就指出「整理國故，必須以漢還漢，以魏晉還魏晉，以唐還唐，以宋還宋，以明還明，以清還清」〔註43〕，近年學界也有「一定要把文獻學還給文獻本身」的呼聲〔註44〕。這也是本文關於「文獻學」的基本思路。

〔註39〕　張君炎：《中國文學文獻學》，江西人民出版社，1986 年。
〔註40〕　彭斐章、謝灼華：《目錄文獻學論文選》，第 9 頁，書目文獻出版社，1991 年。
〔註41〕　賀修銘：《文獻生產的社會化及其管理》，第 1 頁，湖南教育出版社，1997 年。
〔註42〕　袁翰青：《現代文獻工作的基本概念》，《圖書館》1964 年第 2 期。
〔註43〕　胡適：《〈國學季刊〉發刊宣言》，《國學季刊》第 1 卷 1 號，1923 年 1 月。
〔註44〕　周彥文：《中國文獻學》，臺灣五南圖書出版公司，1993 年。

　　文獻是人類物質文明和精神文明發展的記錄，它系統地積纍和總結了人類在一切活動中的成功經驗和失敗教訓，從而成爲人類認知世界、研究世界的重要依據。爲了更好地對其進行利用，在文獻產生之後，人們不可避免地圍繞它開展一系列的活動，包括搜求、加工、整序、管理、傳播等等。在長期從事這些實踐活動的基礎上，人們形成了積纍經驗和總結規律的自覺，文獻工作逐漸經常化、制度化、普遍化，文獻學就此產生。儘管不見「文獻學」專稱，文獻學之實在我國卻早已形成，其具體名稱，主要有「文學」和「校讎之學」。

　　《論語·先進》中將孔子的十大弟子按其專長進行了歸類：

　　　德行：顏淵、閔子騫、冉伯牛、仲弓。言語：宰我、子貢。政事：

　　　冉有、孫季路。文學：子游、子夏。

由於先秦時並無現在意義的「文學」，傳世記載中又多見子游問禮、尤其是子夏在承傳儒家經典文獻方面的突出貢獻，二人的「文學」特長實指「善先王典文」〔註45〕，即對文獻的學習、保存和研究特長。只是這個名詞後來另有所指，其意義與文獻學愈行愈遠了。

　　「校讎之學」一詞現知雖首見於南宋戴栩《通趙寺簿啓》「地鍾清淑，探子政校讎之學」〔註46〕，但字裏行間已經指明它始於西漢劉向。至於「校讎」，劉向早已下了定義〔註47〕：

　　　一人讀書，校其上下，得謬誤爲校；一人持本，一人讀書，若怨家

　　　相對，故曰讎也。

從中可知它已是文獻整理的一種定制。劉向等人的校讎，內容涉及文獻的目錄版本校勘，成果以專著的形式出現，實屬專門之學（詳見第二章）。

　　此外應注意「文獻之學」的說法。明初宋濂的《進賢朱府君（志同）之碣》中提到：「夢炎通歷代文獻之學如指掌，禮樂家賴之」〔註48〕。俞汝楫《尚書朱夢炎列傳》中也有：「夢炎博學善記，通歷代文獻之學如指掌，朝廷稽古

〔註45〕南梁·皇侃：《論語義疏》，第 234 頁，四部要籍注疏叢刊，中華書局，1998年。

〔註46〕宋·戴栩：《浣川集》，卷8，文淵閣四庫全書本。

〔註47〕宋·李昉等：《太平御覽》卷 618 引《別錄》，中華書局，1960 年。原引「書」作「析」，據《文選·魏都賦》李善注改。李注：「《風俗通》曰：按劉向《別錄》：『讎校，一人讀書，校其上下，得謬誤爲校；一人持本，一人讀書，若怨家相對』」。

〔註48〕明·宋濂：《文憲集》，卷23，文淵閣四庫全書本。

議禮審學，皆有力焉」〔註49〕。仔細推敲文義，可知此處「文獻之學」似指
關於文獻尤其是禮樂文獻的知識，與文獻的研究整理尚存距離。

綜上，我國古代「校讎之學」與後來的「文獻學」在意義上最爲接近。
正如張舜徽所說〔註50〕：

> 我國古代，無所謂文獻學，而有從事於研究、整理歷史文獻的學者，
> 在過去稱之爲校讎學家。所以校讎學無異成了文獻學的別名。

但是我國古代文獻學的內容絕不僅指目錄、版本、校勘，因爲「凡是有關整
理、編纂、注釋古代文獻的工作，都由校讎學家擔負了起來」〔註51〕。應該
說古代學者就文獻展開了哪些方面的研究工作，這些方面就成爲他們那個時
代的文獻學的組成。

本文所論的「漢代文獻學」，指漢代學者形成的關於文獻的學問。其具體
內容，按照時人的表達，有「校讎」、「章句」、「義理」〔註52〕、「疾妄」〔註
53〕；以現在的眼光，包括目錄、校勘、注釋、辨僞等。

3、文獻學思想

「思想」二字從心。《說文解字》曰：「思，睿也」、「想，覬思也」，段注
「謂之思者，以其能深通也」、「覬思者，覬望之思也」。可見它是人類深度思
維的結果。文獻學思想是一種學術思想，指人們在文獻學研究過程中、針對
文獻學問題進行抽象思維而得出的、理論化了的意識，是文獻學觀念和文獻
學理論的總稱。從思想史的角度看，只有當一個學科有了自覺的反思能力時，
學科理論才能眞正產生。因此文獻學理論的發生滯後於文獻學的發生。

理論又分爲兩個層次：第一層次是在對具體的實踐及其經驗進行條理性
總結的過程中形成的基礎理論；第二層次是在對基礎理論的昇華過程中形成
的宏觀理論體系。中國古代學術的發展特點之一，是理論基礎的深厚和理論
體系的薄弱。這個特點在文獻學領域表現得尤爲突出：一方面，劉向父子的

〔註49〕　明・俞汝楫：《禮部制稿》，卷51，文淵閣四庫全書本。
〔註50〕　張舜徽：《中國文獻學》，第4頁，中州書社，1982年。
〔註51〕　張舜徽：《中國文獻學》，第4頁，中州書社，1982年。
〔註52〕　《論衡・謝短》有「夫儒生之業五經也，南面爲師，旦夕講授章句，滑習義
　　　　理，究備於五經可也。」將義理與章句對舉，可知二者同爲解經之學。漢・
　　　　王充《論衡》，中華書局《諸子集成》本，1954年，下文引《論衡》版本同。
〔註53〕　《論衡・對作》言「今《論衡》就世俗之書，訂其眞僞，辨其實虛」，又言「《論
　　　　衡》實事疾妄」，可見「疾妄」係疾僞書之妄。

手中已經捧出了關於文獻整序的理論，鄭樵的《校讎略》、章學誠的《校讎通義》等又都是理論不斷上陞的階梯；另一方面，文獻學的學科體系始終未能眞正建立。因此討論古代的文獻學思想，立足點還是基礎理論。

本文所論及的「漢代文獻學思想」，是指漢代學者在從事文獻活動和文獻學研究過程中所形成的文獻學基礎理論。

二、研究緣起及研究思路

1、研究緣起

文獻是傳承人類文明的載體，是人類認知世界、研究世界的依據。研讀前代文獻資料，是後人追尋歷史眞相、繼承文化遺產的最基本形式。文獻學因此成爲一門最重要的輔助學科；它對於科學發展進步而言，意義不言而喻。

先秦兩漢是中國學術史上最重要的兩個時期：前者是創始期，後者是奠基期〔註54〕。作爲學術載體，流傳下來的先秦文獻基本上都經過了漢代學者的整理；漢代本身又在歷史上留下了大量文獻和文獻工作的經驗——正如柳詒徵所言：「漢人於吾國之文明，既善繼往，兼能開來」〔註55〕。漢代文獻學因此成爲中國文獻學發展史上最重要的一個環節。

從思想史的角度看，具備自覺的反思能力是學科理論眞正產生的必要條件。中國古代文獻學的理論自覺究竟出現在什　時候？考慮到劉向父子對典籍的自覺分類，司馬遷、王充對僞說僞書的自覺考辨，馬融、鄭玄等眾多學者對六經的自覺注傳以及相應學術成果的成書流傳，有理由認爲漢代已經出現了文獻學的自覺。漢代文獻學思想理論既是對之前文獻工作經驗和當時文獻學學術成就的概括總結，又是古代文獻學理論的開山，因此成爲構建整個文獻學學科體系的關鍵。

就數量看，目前關於中國文獻學研究的成果可稱豐富。據馮浩菲統計，1982年至1998年間公開出版的文獻學著作就達20部〔註56〕；進入本世紀不過數年時間，又有近十部專著相繼出版或再版。相關論文數以百計。其中張舜徽《中國文獻學》〔註57〕、吳楓《中國古典文獻學》〔註58〕、羅孟禎《古典文獻

〔註54〕 張立文主編：《中國學術通史》，總序，第7～9頁，人民出版社，2004年。
〔註55〕 柳詒徵：《中國文化史》，上卷，第311頁，中國大百科全書出版社，1988年。
〔註56〕 馮浩菲：《我國文獻學的現狀及歷史文獻學的定位》，《學術界》2000年第4期。
〔註57〕 中州畫社出版社初版於1982年。
〔註58〕 齊魯書社初版於1982年。

學》〔註 59〕、王餘光《中國文獻史》〔註 60〕、孫欽善《中國古文獻學史》〔註 61〕、洪湛侯《中國文獻學新編》〔註 62〕、曹之《中國古籍版本學》〔註 63〕、潘樹廣《文獻學綱要》〔註 64〕、杜澤遜《文獻學概要》〔註 65〕、張三夕《中國古典文獻學》〔註 66〕、張大可俞樟華《中國文獻學》〔註 67〕、王欣夫《文獻學講義》〔註 68〕、陳廣忠等《古典文獻學》〔註 69〕、孫欽善《中國古文獻學》〔註 70〕、余嘉錫《目錄學發微》〔註 71〕、姚明達《中國目錄學史》〔註 72〕，等等，都產生了相當廣泛的學術影響。儘管如此，對於漢代文獻學及其思想的研究還是存在許多缺憾，主要表現在以下幾個方面：

第一，通論型論著中漢代部分的篇幅普遍偏小，內容普遍偏窄，對漢代文獻學的研究較少整體把握。

第二，各類專科研究多留心於成果的歸納介紹，對漢代文獻學思想理論關注較少，深入研究未能展開。

第三，目前尚未見漢代文獻學研究專著問世。

正是發現了這些缺憾，加之本人有從事歷史文獻學教學的經歷，在從師修習研讀中，確定了「漢代文獻學及其思想研究」作爲博士學位論文的題目，希望通過自己的努力，爲思想史研究增添某些新內容。

2、研究思路和研究方法

本文的基本思路，是通過對周秦相關文獻問題的回顧，尋找漢代文獻學的發生依據；通過對漢代文獻學環境的觀察，發現漢代文獻學的成長條件；

〔註 59〕重慶出版社初版於 1990 年。
〔註 60〕武漢大學出版社初版於 1993 年。
〔註 61〕中華書局初版於 1994 年。
〔註 62〕杭州大學出版社初版於 1997 年。
〔註 63〕武漢大學出版社初版於 1992 年。
〔註 64〕廣西師範大學出版社初版於 2000 年。
〔註 65〕中華書局初版於 2001 年。
〔註 66〕華中師範大學出版社初版於 2003 年。
〔註 67〕福建人民出版社初版於 2005 年。
〔註 68〕上海古籍出版社再版於 2005 年。
〔註 69〕黃山書社初版於 2006 年。
〔註 70〕北京大學出版社初版於 2006 年。
〔註 71〕上海古籍出版社再版於 2001 年。
〔註 72〕中華書局再版於 2002 年。

通過對漢代文獻學成果的分析，提煉漢代文獻學的思想理論，同時探究其價值意義。

本文的研究方法主要包括：1、堅持歷史唯物史觀，以發展的眼光審視研究對象的運動軌迹，以取得立體的認識。2、運用歸納與演繹的方法，以佔有大量材料爲基礎，總結規律、發現問題，避免只有敘述、沒有結論，只見素材、不見成品。3、運用文獻的雙重證據法，在條件允許的情況下，通過傳世材料與出土材料的互證，增加研究的縝密性。

第一章　漢代文獻學先源

　　按照黑格爾的觀點，「我們必須感謝過去的傳統」，因為「我們在現世界所具有的自覺的理性」，從本質上說是「一種遺產」，是「人類所有過去各時代工作的成果」〔註1〕。江河浩瀚，有其淵源；樹木參天，有其直根。因此，在展開關於漢代文獻學的研究之前，本文先追溯其學術先源，對歷史留下的遺產試作盤點。

第一節　文獻的產生

一、文獻的初級形式

　　作為知識的載體，文獻的產生必須以知識的產生為前提。人類在初生階段，意識混沌、物我不分，「居不知所為，行不知所之，含哺而熙，鼓腹而遊」〔註2〕，沒有知識，也無所謂文獻。經過長期的生存歷練，隨著思維能力的提高，人類所具有的知識信息量逐漸增多，成功經驗和失敗教訓需要保存，不斷進步的文明需要傳播，文獻因需而生。

　　在本文所探討的「文獻」出現之前，中國的古史經歷了漫長的階段，但是歷史仍在行進，文明仍被傳承。在這個階段究竟什麼充當了文明傳播的載體？據文獻記載、考古發現尤其是若干民族學資料的佐證，它們是口語、記號和圖畫。

〔註 1〕　黑格爾：《哲學史講演錄》，第一卷，賀麟、王太慶譯，第 8 頁，商務印書館，1959 年。

〔註 2〕　《莊子‧馬蹄》，中華書局《諸子集成》本，1954 年。下引《莊子》版本同。

　　口語是人類最重要的交際工具。人類學家長期研究的結果表明，一個民族的語言歷經千年其主要辭彙大致遺失 19%〔註3〕。依照這種觀點，我國傳說時代語言的若干部分（甚至可以說是大部分）能夠直傳三代；其餘部分雖未能保存「眞身」，但在向三代語言的進化中也必然將其承載內容卸載給後者。我國諸多民族中以古歌形式傳遞自身發源地、遷徙路線以及祖先輝煌業績等歷史信息的實例很多〔註4〕，其中一些內容已從用文字寫就的文獻中得到了證明。如納西族口傳史詩《創世紀》所敘述的納西族祖先由北向南的遷徙路線就與漢文史書中的相關記載基本一致〔註5〕。

　　記號是文字產生前人類的輔助性交際工具，常見的有結繩和契刻，《周易・繫辭下》所謂「上古結繩而治，後世聖人易之以書契」。二者的實例多見於民族學材料。例如上世紀 50 年代高山族人還在用結繩的方法記事或表示愛情〔註6〕：

> 人們在繩上先打兩個結，再打三個結，又打五個結，這就表示先借兩元，又借三元，再後借五元。還錢的時候，仍然按數解結。一個青年用一樣長的兩條繩子各打兩個結，把兩條繩子的末端合打成一個結，贈給自己心愛的姑娘，這就表示求婚。

同期中央慰問團在雲南福貢收到的傈僳族來信也是刻有一組符號的木刻，其中 ‖‖○×‖‖ 分別表示三個人、圓月、相會、大中小，整個木刻的意思是說，「你們派來的三位代表已在月圓時與我們相會了，送上三包土特產，請分別送給大中小三位領導」〔註7〕。

　　關於圖畫記事的材料更多。《左傳・昭公十七年》記載了以龍鳥雲水火等圖案紀官的方法：

> 昔者黃帝氏以雲紀，故爲雲師而雲名。炎帝氏以火紀，故爲火師而火名。共工氏以水紀，故爲水師而水名。大皞氏以龍紀，故爲龍師而龍名……我高祖少皞，摯之立也，鳳鳥適至，故紀於鳥，爲鳥師而鳥名。

〔註3〕童恩正：《文化人類學》，第 123 頁，商務印書館，1991 年。
〔註4〕詳見陶陽等著：《中國創世神話》，上海人民出版社，1989 年。
〔註5〕李近春：《淺談納西族史詩〈創世紀〉》，《民族學研究》第六輯，1985 年。
〔註6〕《少數民族文字的進一步發展》，《光明日報》1955 年 12 月 16 日。
〔註7〕劉志成主編：《漢字學》，第 29 頁，天地出版社，2002 年。

在我國北方草原上，考古工作者發現了大量的史前岩畫，其時代距今有 10000 至 6000 年之久〔註8〕；1987 年以來，在西北賀蘭山東麓又有一萬多幅內容豐富的岩畫進入人們視野，研究者認爲反映了相當於商周時期的當地游牧民族在文字出現之前以圖畫記事的情況〔註9〕。

　　口語、記號和圖畫無疑都在傳遞人類早期信息方面發揮了巨大作用。其中口語傳說由於語言自身的特點具有極強的時空穿透力，以致越來越多的學者堅信它是「保存和傳播人民積纍的沒有文字記載的社會和文化創造品的眞正活寶庫」〔註10〕。記號圖畫雖然受到時空條件的較多限制，但是它們孕育了後來最爲重要的文明載體——文字，因此它們和口語共同構成了周秦文獻的根基。

二、「文」與「獻」

　　「文」與「獻」的產生需要不同的形成條件，因此二者的出現並不同步。

　　以系統化的知識及其傳述者爲基礎的「獻」先「文」而生。現在看來，系統化知識的形成與宗教有關，它最早掌握在「巫」的手中。關於中國古代的「巫」，有人認爲是「事鬼神禱解以治病請福者」〔註11〕，有人認爲是操矩測天地者〔註12〕，有人認爲是以玉事神者〔註13〕。無論哪種解釋，都說明巫祝一類的神職人員具有高深的知識背景，正如後來《國語·楚語下》中觀射父所總結的：

> 民之精爽不攜貳者，而又能齊肅衷正，其智能上下比義，其聖能光遠宣朗，其明能光照之，其聰能聽徹之，如是則明神降之，在男曰覡，在女曰巫。是使制神之處位次主，而爲之牲器時服，而後使先

〔註 8〕　陳兆復：《中國岩畫發現史》，第 370 頁，上海人民出版社，1991 年。

〔註 9〕　《光明日報》1993 年 8 月 21 日。

〔註 10〕　聯合國教科文組織編：《非洲通史》，第 1 卷，第 425 頁，中國對外翻譯公司，1984 年。

〔註 11〕　《公羊傳》隱公四年何休注。漢·何休注，唐·徐彥疏：《春秋公羊傳注疏》，清·阮元校刻《十三經注疏》本，上海古籍出版社，1997 年。下文引《公羊傳》版本同。

〔註 12〕　何介鈞：《長江中游史前文化暨第二屆亞洲文明學術研討會紀要》，《考古》1996 年第 2 期。

〔註 13〕　陳來：《中國古代巫文化及其特質》，《陳來自選集》，第 14 頁，廣西師大出版社，1997 年。

> 聖之後之有光烈，而能知山川之號、高祖之主、宗廟之事、昭穆之
> 世、齊敬之勤、禮節之宜、威儀之則、容貌之崇、忠信之質、禋潔
> 之服，而敬恭明神者，以爲之祝。使名姓之後，能知四時之生、犧
> 牲之物、玉帛之類、采服之儀、彝器之量、次主之度、屏攝之位、
> 壇場之所、上下之神、氏姓之出，而心率舊典者爲之宗。

人們在「『神』的時代，聽命於天，必有『天書』，『神』存之於心，傳之於口，
不必文字亦可以相傳」〔註 14〕。巫溝通神人、下傳上達，具有至高無上的社
會地位。他們（包括他們的知識貯備）成爲主宰人們精神和行動的準則依據，
是最早的「獻」。

　　隨著時代的發展，政教合一，原始的巫成爲王或王臣，知識隨之壟斷於
統治集團高層。西周時期，「學在官府」，「在官者以肄習而愈精，在野者以簡
略而愈昧」〔註 15〕，故「獻」也在官府。進入春秋以後，「周室既卑，諸侯失
禮於天子」〔註 16〕，知識中心開始下移。從《左傳》中可以看到這樣一些例
子：

> （昭公十七年秋）郯子來朝，公與之宴。昭子問焉，曰：「少皞氏鳥
> 名官，何故也？」郯子曰：「吾祖也，我知之。昔者黃帝氏以雲紀，
> 故爲雲師而雲名；炎帝氏以火紀，故爲火師而火名；共工氏以水紀，
> 故爲水師而水名；大皞氏以龍紀，故爲龍師而龍名；我高祖少皞摯
> 之立也，鳳鳥適至，故紀於鳥，爲鳥師而鳥名。鳳鳥氏，歷正也。
> 玄鳥氏，司分者也；伯趙氏，司至者也；青鳥氏，司啓者也；丹鳥
> 氏，司閉者也。祝鳩氏，司徒也；鴡鳩氏，司馬也；鳲鳩氏，司空
> 也；爽鳩氏，司寇也；鶻鳩氏，司事也。五鳩，鳩民者也。五雉，
> 爲五工正，利器用、正度量，夷民者也。九扈爲九農正，扈民無淫
> 者也。自顓頊以來，不能紀遠，乃紀於近，爲民師而命以民事，則
> 不能故也。
>
> ……
>
> （昭公二十九年秋）龍見於絳郊。魏獻子問於蔡墨曰：「吾聞之，蟲
> 莫知於龍，以其不生得也。謂之知，信乎？」對曰：「人實不知，非

〔註 14〕吳銳：《中國思想的起源》，第一卷，第 182 頁，山東教育出版社，2002 年。
〔註 15〕黃紹箕：《中國教育史》，卷四，清光緒二十八年本。
〔註 16〕《國語‧吳語》。

龍實知。古者畜龍，故國有豢龍氏，有御龍氏。」獻子曰：「是二氏者，吾亦聞之，而知其故，是何謂也？」對曰：「昔有飂叔安，有裔子曰董父，實甚好龍，能求其耆欲以飲食之，龍多歸之。乃擾畜龍，以服事帝舜。帝賜之姓曰董，氏曰豢龍。封諸鬷川，鬷夷氏其後也。故帝舜氏世有畜龍。及有夏孔甲，擾於有帝，帝賜之乘龍，河、漢各二，各有雌雄，孔甲不能食，而未獲豢龍氏。有陶唐氏既衰，其後有劉累，學擾龍於豢龍氏，以事孔甲，能飲食之。夏后嘉之，賜氏曰御龍，以更豕韋之後。龍一雌死，潛醢以食夏后。夏后饗之，既而使求之。懼而遷於魯縣，范氏其後也。」

雖然來自附屬小國或位居諸侯之臣，郯子、蔡墨卻對古代的禮制典故耳熟能詳，並在適當的時候向諸侯王娓娓道來，他們都是孔子心目中名副其實的「獻」。因此孔子曾專程趕往郯子居處請教有關古代官制的問題。

孔子本人也正是獻的典型。他「述三五之法，明周召之業」〔註17〕。時人向他學習禮儀制度、倫理道德、爲學爲政等各個方面的知識，甚至發現什麼奇異的現象都要跑來向他請教，如《史記·孔子世家》記：

吳伐越，墮會稽，得骨節專車。吳使使問仲尼：「骨何者最大？」仲尼曰：「禹致羣神於會稽山，防風氏後至，禹殺而戮之，其節專車，此爲大矣。」吳客曰：「誰爲神？」仲尼曰：「山川之神足以綱紀天下，其守爲神，社稷爲公侯，皆屬於王者。」客曰：「防風何守？」仲尼曰：「汪罔氏之君守封、禺之山，爲釐姓。在虞、夏、商爲汪罔，於周爲長翟，今謂之大人。」客曰：「人長幾何？」仲尼曰：「僬僥氏三尺，短之至也。長者不過十之，數之極也。」於是吳客曰：「善哉聖人！」

可見他知識的淵博程度。但孔子卻始終「述而不作」，盡心力承擔獻的職責。

春秋之後的社會爲「獻」的發展提供了兩種可能：一方面，知識繼續下移和知識份子階層的逐漸形成爲其大量出現提供了可能；另一方面，「文」的產生和書寫條件的不斷改善又爲其歷史使命的終結提供了可能。從理論上說後一種可能應該更大些，但實際上，文、獻並行的局面一直持續到秦漢時期。奔走各國的士、雲集稷下的學者、專備顧問的秦博士等都是獻的代表。甚至當文明遭遇野蠻時，文化之河有賴於獻才避免了斷流──秦、楚之火熊熊而

〔註17〕《史記》卷47《孔子世家》。

文獻從焦土中再生，其中一個重要原因，就是它「不獨在竹帛」，還在於「獻」、在於人心。

作爲文本文獻，「文」產生的最重要前提是文字的出現。傳說中倉頡造字這一中國歷史上驚天地泣鬼神的重大事件發生在黃帝時期〔註 18〕。現在看來把文字的產生歸功於一個個體的發明創造顯然不合邏輯。考慮到文字的產生軌迹，「倉頡」對文字的貢獻應該是整理而非創造。整理的前提是有大量可資整理的素材亦即工作對象。這些素材當時是否確有？大量考古發現爲揭示問題的答案提供了線索。討論中國文字的起源往往是以一系列仰韶文化陶器符號爲出發點的。經科學發掘而進入現代人視野的半坡遺址陶器上的刻劃符號首先引起了學界的重視；類似符號在同一類型其他遺址如陝西銅川李家溝、臨潼姜寨，甘肅秦安王家陰窪、大地灣仰韶層，河南靈寶北陽平、西坡遺址和河北永年臺口村遺址仰韶層等頗具規模的出現又提供了更多可供分析的資料。據統計所見刻有符號的陶器陶片，半坡遺址有 113 件，符號 27 種；李家溝有 23 件，符號 8 種；姜寨 129 件，符號 38 種；大地灣 10 餘件，符號約10 種。相同或相似的符號歸併後超過 50 種。這些符號刻劃多見於塗有黑色帶紋陶缽口沿，重複出現的頻率較高〔註 19〕。儘管半坡遺址的發掘者謹慎地表示「這些符號是人們有意識刻劃的，代表一定的意義……也很可能是我國古代文字原始形態之一」〔註 20〕，多數古文字學家和考古學家還是直指其爲早期文字〔註 21〕。隨著田野考古工作的不斷發展，早於半坡類型的甘陝地區大地灣一期文化，同於半坡類型的安徽蚌埠吳郡鄉雙墩村新石器遺址，晚於半坡類型的甘青地區馬家窯半山──馬廠類型柳灣墓地、長江中游大溪文化楊

〔註 18〕《淮南子·本經訓》，中華書局《諸子集成》本。

〔註 19〕王志俊：《關中仰韶文化刻劃符號綜述》，《考古與文物》1980 年第 3 期；王蘊智：《史前陶器符號的發現與漢字起源的探索》，《華夏考古》1994 年第 3 期。

〔註 20〕中國科學院考古研究所、陝西省西安半坡博物館：《西安半坡》，第 186 頁，文物出版社，1963 年。

〔註 21〕郭沫若：《古代文字之辯證的發展》，《考古》1972 年第 1 期。于省吾：《關於古文字研究的若干問題》，《文物》1973 年第 2 期。李孝定：《中國文字的原始與演變》，《中央研究院歷史語言所集刊》第 45 本第 2 分冊、第 3 分冊，1974年；《再論史前陶文和漢字起源問題》，《中央研究院歷史語言所集刊》第 50本，1979 年。王志俊：《關中仰韶文化刻劃符號綜述》，《考古與文物》1980年第 3 期。張光裕：《從新出土材料重新探索中國文字的起源及其相關問題》，《中國文化研究所學報》第 12 卷，香港中文大學，1981 年。李學勤：《中國和古埃及文字的起源》，《文史知識》1984 年第 5 期。

家灣墓地，都有與半坡符號形狀、大小極爲相似的陶器符號出現〔註 22〕。考古發現具有一定的偶然性，但偶然發現的不同遺存中存在這種衝破時空藩籬的共性卻絕非偶然。結合專家們的論斷，可以認爲在大約距今七千年的以甘陝爲重鎭的相當廣泛的區域內，仰韶文化的創造者們已經使用相對固定、約定俗成的文字。除此之外，黃河下游地區的大汶口文化晚期遺址中也發現 10 種象形符號，研究者認爲它們處於「原始文字由發生而日趨發展的時期」，在大汶口文化區域裏已廣泛使用〔註 23〕。自二十世紀三十年代以來，不斷有較仰韶文化時期更加規範的刻劃符號出現。1992 年山東大學歷史系考古實習隊在山東鄒平縣丁公村龍山遺址中發現刻有 11 個書寫符號的陶片，李學勤認爲這些符號有連筆書寫的特徵，已是當時的俗體字〔註 24〕。這些文字因其原始性成爲現代人眼中的「天書」，但不能因爲難以釋讀而否認它們參與了當時文化的交往和傳承——即便是學界公認的最早的成熟漢字甲骨文，目前能被釋讀的也不過是其中的少部分。

今見資料中最早被提到的「文」，是三墳五典和河圖洛書。墳、典之說出自《左傳·昭公十二年》：

　　（夏六月）楚子狩於州來……左史倚相趨過。王曰：「是良史也……

　　　能讀《三墳》、《五典》、《八索》、《九丘》。」

圖、書之說見於《周易·繫辭上》：

　　河出圖，洛出書，聖人則之。

《尚書》僞孔傳序及孔穎達《尚書正義》解釋《三墳》爲三皇之書、《五典》爲五帝之書、《八索》即八卦之說、《九丘》即九州之志。漢代人以爲伏羲時有龍馬出於黃河，身有紋路，伏羲照之描爲八卦；夏禹時有神龜出於洛水，背有文字，禹據此演爲《洪範》。這些說法雖然無法得到證實，但從理論上講，文字的產生使我國古史傳說中五帝時代文本文獻的出現成爲可能。其中天書神授的色彩與後人對文獻的尊崇有關，圖畫刻符之說也是人們對於早期文獻形式的記憶。

〔註22〕 甘肅省博物館等：《一九八○年大地灣一期物化遺存發掘簡報》，《考古與文物》1982 年第 2 期；徐大立：《蚌埠雙墩新石器遺址陶器刻劃符號初論》，《文物研究》總第 5 輯，黃山書社，1989 年 9 月；青海省文物處考古隊、中國科學院考古所：《青海柳灣》，文物出版社 1985 年；宜昌博物館：《宜昌縣楊家灣新石器時代遺址》，《江漢考古》1984 年第 4 期。

〔註23〕 于省吾：《關於古文字研究的若干問題》，《文物》1973 年第 2 期。

〔註24〕 《專家筆談丁公遺址出土陶文》，《考古》1993 年第 4 期。

目前看來「文」的出現不應晚於夏代。從文獻資料看，夏有《夏書》〔註25〕、《夏時》〔註26〕、「圖法」〔註27〕，《尚書》中的《甘誓》等也多半是夏的作品〔註28〕。從考古資料看，1987年安徽含山淩家灘第四號墓出土距今4500年左右的一組玉龜玉版，被認為記錄了夏代或更早的「律曆制度」〔註29〕。從邏輯上看，《左傳‧莊公二十三年》云古時「君舉必書」，《史記‧夏本紀》所記夏王世系之所以井然有序，很可能是由於夏代有關於帝王的紀事傳世；商之「先人」已經「有典有冊」〔註30〕，商代甲骨文文字成熟、記事詳細，甚至出現了編連成冊的痕迹〔註31〕，說明之前必有一個發展過程。

在「文」的形成過程中，史的作用不容忽視。史源於巫，文獻中常見二者連稱。如《周易‧巽卦》有「用史巫紛若」，《國語‧楚語下》有「夫人作享，家為巫史，無有要質」，等等。但二者還是有不同的分工。「史」的職責，不僅要參與祭祀天地神祖等宗教儀式，還要負擔相關的記錄。這就是人們記憶中最初史官與文字創造者二位一體的緣由。《周禮‧春官‧宗伯》中詳細羅列了大史、小史、內史、外史、御史的職掌，其中就有對典禮儀式中的文字記載、冊命起草、史冊撰寫等等。加之「君舉必書」、「動則左史書之，言則右史書之」〔註32〕的古代制度，有理由認為最早的官方之「文」出自史的手中。

夏以後隨著整個社會的進步，「文」漸趨成熟。商周的卜辭和青銅器銘文甚至流傳至今，真正起到了「著之後世」〔註33〕的作用。周秦之間「文」在各個方面都得到了長足的發展。《國語‧楚語上》記楚莊王問申叔時教太子之法，申叔時列舉的具有不同功能的「教材」就有春秋、世、詩、禮、樂、令、語、志、訓典九種，可見「文」種類的不斷豐富。《墨子》自言「吾見百國《春

〔註25〕 《左傳‧昭公十七年》：「故《夏書》曰：辰不集於房，瞽奏鼓，嗇夫馳，庶人走。」
〔註26〕 《禮記‧禮運》。
〔註27〕 《呂氏春秋‧先識覽》，中華書局《諸子集成》本。下引《呂氏春秋》版本同。
〔註28〕 劉起釪：《尚書源流及傳本》，第1頁，遼寧大學出版社，1997年。
〔註29〕 陳久金、張敬國：《含山出土玉片圖形考釋》，《文物》1989年第4期。陳剩勇：《東南地區夏文化的萌生與崛起》，《東南文化》，1991年第1期。
〔註30〕 漢孔安國傳，唐孔穎達等正義：《尚書正義‧多士》，清‧阮元校刻《十三經注疏》本，上海古籍出版社，1997年。下引《尚書》版本同。
〔註31〕 董作賓：《民國十七年試掘安陽小屯報告書》，《安陽發掘報告》，第1期，1929年12月。李學勤：《關於甲骨的基礎知識》，《歷史教學》，1959年第7期。
〔註32〕 《禮記‧玉藻》。
〔註33〕 《禮記‧祭統》。

秋》」〔註34〕，可見「文」數量的不斷增多。諸子百家紛紛著書立說，可見「文」創作隊伍的擴大。「書」和「典籍」的概念的形成〔註35〕，可見「文」外在形式的進步。戰國末年已出現「藏商、管之法者家有之」、「藏孫、吳之書者家有之」的現象〔註36〕，可見「文」的普及程度。總之，作爲知識的物化形態，文本文獻以其與生俱來的穩定性固化了時代文明，成爲周秦文化最重要的傳播途徑，也爲後人認知歷史提供了一面視屏。

三、所謂「經」

關於「經」的含義，歷來說法紛紜。《釋名・釋典藝》云「經，徑也，常典也，如徑路無所不通，可常用也」；《文心雕龍・宗經篇》云「經也者，恒久之至道，不刊之洪教也」；《說文解字》段注云「織之從絲謂之經，必先有經，而後有緯，是故三綱五常六藝謂之天地之常經」。這些說法或以後起之意附會古文，或脫離史實空發議論，並未理清「經」到「經典」的路徑。章太炎以爲「古代無紙，以青絲繩貫竹簡爲之。用繩貫穿，故謂之經」〔註37〕，如此則經爲簡書之通稱，似乎也不符合實際情況。

「經」，金文作「巠」〔註38〕。早期的意義，大概是「經維」或「經營」。如《國語・周語下》「何以經國」，《左傳・隱公七年》「禮，經國家」等。後來又有「重要的經營方法」之意，如《國語・周語下》「國無經，何以出令」，《左傳・昭公二十五年》「夫禮，天之經也」。正是以這個意義爲前提，人們開始尊稱具有重大價值的典籍爲「經」。

經源於文獻。從文獻學的角度看，一個時代的經，是指這個時代人們心

〔註34〕《隋書》卷42《李德林答魏收書》引《墨子》，中華書局二十四史點校本。今傳本《墨子》不見此語。

〔註35〕早期的「書」爲「書寫」之意，如「君舉必書」、「書於竹帛」、「書之於冊」等。《左傳・襄公十年》「子孔當國，爲載書，以位序，聽政辟。大夫、諸司、門子弗順，將誅之。子產止之，請爲之焚書……」，《左傳・昭公六年》「鄭人鑄刑書」其中的「書」，很明顯都是指「書籍」。「典籍」一詞首見《孟子・告子下》：「諸侯之地方百里；不百里，不足以守宗廟之典籍」，趙岐注爲「先祖常籍法度之文」。漢・趙岐注，宋・孫奭疏《孟子正義》，清・阮元校刻《十三經注疏》本，上海古籍出版社，1997年。下引《孟子》版本同。

〔註36〕《韓非子・五蠹》。中華書局《諸子集成》本。下引《韓非子》版本同。

〔註37〕章太炎：《國學講演錄》，第44頁，華東師範大學出版社，1995年。

〔註38〕郭沫若：《金文叢考・金文餘釋・釋巠》。

目中具有重大價值的文獻。因爲只有在得到時代的尊崇之後，時人才會以之爲中心展開文獻活動。近年來有學者用「元典」這一概念涵蓋「中國古老而又影響深遠的典籍——《詩經》、《易經》、《尚書》、《春秋》、三《禮》以及《論語》、《墨子》、《孟子》、《老子》、《莊子》、《荀子》等先秦書」，指其意蘊包括「始典、首典、基本之典、原典、長（長幼之「長」）典、正典、大典、善典、美典、上典、寶典等」並認爲「在漢字系統中，與『元典』含義切近的詞彙是『經』」〔註39〕。其實這裡提到的書，並非都成於先秦（如《禮記》在先秦時期更大程度上是思想的碎片，至西漢時期才被編纂成整端的文籍）；成於先秦的，也並非在當時就居於經典的位置（如《孟子》及其思想長期湮沈，到宋代才在經典中爭得一席之地）。因此它們是後人而不是周秦人心目中的「經」。在周秦人的心目中，堪稱經的文獻，除《詩》、《書》、《禮》、《樂》、《易》、《春秋》六經之外，還包括《孫子兵法》、《墨子》以及黃帝學派的部分作品。

以「經」稱書籍今首見於《國語‧吳語》。其中提到吳王夫差北伐時令軍隊「十行一嬖大夫，建旌提鼓，挾經秉枹。十旌一將軍，載常建鼓，挾經秉枹」，韋昭注曰「經，兵書也」。行軍途中攜帶兵書以備參謀合乎常理，因此韋注令人信服。這裡被稱爲經的兵書具體何指？據《史記》中孫武曾以兵法十三篇見用於吳王闔廬，並在吳「西破強楚」、「北威齊晉」的過程中發揮過重大作用的記載〔註40〕，它應該就是《孫子兵法》。在征戰頻仍的時期，優秀的兵書無疑具有重大的現實意義。《孫子兵法》因此被尊奉爲經。

據《莊子‧天運》的記載，孔子曾發表過這樣一段言論：

> 丘治《詩》、《書》、《禮》、《樂》、《易》、《春秋》六經，自以爲久矣，孰知其故矣。以奸者七十二君，論先王之道而明周、召之迹，一君無所鉤用。甚矣夫！人之難説也，道之難明邪？

這就是「六經」一詞的最早出處。在此之前，這六種古老的文獻已經歷了長期的流傳、整理與編纂。其成書可以追溯至周之初建。學在官府時，它們是統治高層手中的文化王牌，所謂「《易》掌太卜，《書》藏外史，《禮》在宗伯，《樂》隸司樂，《詩》頌於太師，《春秋》存乎國史」〔註41〕，「禮樂征伐自天

〔註39〕馮天瑜：《中國元典精神》，「導論」，第1～3頁，武漢大學出版社，2006年。

〔註40〕《史記》卷65《孫子吳起列傳》。

〔註41〕清‧章學誠著、劉公純標點：《校讎通義》，卷1，北京古籍出版社，1956年。

子出」〔註42〕；學在四夷、禮下於庶人後，它們代表了人文教養和行為規範的基本方面，所謂「《禮》之敬文也，《樂》之中和也，《詩》、《書》之博也，《春秋》之微也，在天地之間畢矣」〔註43〕，「《詩》之失，愚；《書》之失，誣；《樂》之失，奢；《易》之失，賊；《禮》之失，煩；《春秋》之失，亂」〔註44〕。因此它們由「典」而「經」，最終得以體制化和制度化。

　　《墨子》稱「經」見《莊子‧天下》：「相里勤之弟子，五侯之徒，南方之墨者，苦獲、已齒、鄧陵子之屬，俱誦《墨經》」。墨家學派系當時與儒家平分天下的「顯學」〔註45〕，據《孟子‧滕文公下》「楊朱墨翟之言盈天下，天下之言不歸楊，則歸墨」及《荀子‧成相》「禮樂滅熄，聖人隱伏，墨術行」的描述，其影響甚或出於儒家之上。眾多的弟子「結集群議，尊以經名」，故而「後之墨者俱誦此經」〔註46〕。

　　《荀子‧解蔽》：「昔者舜之治天下也，不以事詔而萬物成。處一危之，其榮滿側；養一之微，榮矣而未知。故《道經》曰：『人心之危，道心之微。』」但此句不見今本《老子》，這裡存在兩種可能：一，今本《老子》已佚此句；二，此句引自當時另外被稱為《道經》的作品。1973 年馬王堆帛書《黃帝四經》的出土，或許能予學界一些啟發。《黃帝四經》成書於戰國中期〔註47〕，包括《經法》、《十六經》、《稱》、《道原》四部分。《黃帝四經》今存文字雖不見荀子所引《道經》語，但其中多以「道」為中心展發議論，二者似有相通之處。並且值得注意的是，佚書篇目已然稱「經」。黃老思潮在漢初的迅速擡頭，《漢書藝文志》對黃帝之書的多有著錄〔註48〕，都說明黃學在戰國時期已

〔註42〕　《論語‧季氏》。

〔註43〕　《荀子‧勸學》，中華書局《諸子集成》本。下引《荀子》版本同。

〔註44〕　《禮記‧經解》。

〔註45〕　《韓非子‧顯學》。

〔註46〕　譚戒甫：《墨辨發微‧墨經正義》。

〔註47〕　《黃帝四經》指馬王堆 3 號漢墓出土的帛書《老子》乙本卷前四篇古佚書。其名稱和成書年代從唐蘭、龍晦、李學勤、余明光等說。詳見唐蘭：《馬王堆出土〈老子〉乙本卷前古佚書的研究》，《考古學報》1975 年第 1 期；龍晦：《馬王堆出土〈老子〉乙本前古佚書探原》，《考古學報》1976 年第 2 期；李學勤：《馬王堆帛書與〈鶡冠子〉》，《江漢考古》1983 年第 2 期；余明光：《黃帝四經與黃老思想》，第 17～20 頁，黑龍江人民出版社，1989 年。

〔註48〕　《漢書‧藝文志》錄以「黃帝」為題名的書計 12 類 26 種。見《漢書》卷30《藝文志》。

經具備了一定的學術勢力。加之黃帝在先秦人心目中的崇高地位〔註 49〕，黃學著作也極有可能被尊奉爲經。：

此外，《晉書》卷 30《刑法志》中有關於「法經」的詳細記載：

（魏文侯師李悝）撰次諸國法，著《法經》。以爲王者之政，莫急於盜賊，故其律始於《盜》、《賊》。盜賊須劾捕，故著《網》、《捕》二篇。其輕狡、越城、博戲、借假不廉、淫侈、逾制以爲《雜律》一篇，又以《具律》具其加減。是故所著六篇而已，然皆罪名之制也。尚君受之以相秦。

但其所謂李悝《法經》之前不見記錄，十之八九係後出僞書。雖如此，法之作用的彰顯，法家學說的盛行，尤其是秦「以法爲教」國策的製定，都爲法學著作躋身經典鋪平了道路。

周秦經書承載了周秦人心目中的文化精華，也對後世產生了深遠的影響。尤其是經過悉心整理的六經，不僅成爲漢代文獻學的主要研究對象，還成爲古代中國「一切學術研究的基礎」以及「中國歷史、風俗和法律的基礎」〔註 50〕。

第二節　文獻制度

周秦時期形成了一些文獻制度。這些制度起初主要指官方的一些定制。隨著學術下移和文化的普及，它們對周秦文獻產生了整體上的積極意義，也爲漢代有關政策的製定提供了借鑒和依據。

一、采集制度

周秦文獻采集制度就現有資料看主要是采詩和采「士」制度。

作爲人類最早的精神創造之一，詩歌打開了世界上許多民族文明史的端口。它產生於成熟的口語，在文字出現之前就廣泛流傳，承載著文明初啓時的重要信息。即便在書面表達能力形成後，詩歌仍然是言志詠言的主要形式，因爲「（詩歌）能無限制地支配著無限制的材料。不論是外界或內在的現象，詩歌從來沒有不能將它們捉住與表現的；而且它的工具——就是語言的形式

〔註 49〕《莊子·盜跖》：「世之所高，莫若黃帝。」
〔註 50〕〔德〕黑格爾：《歷史哲學》，第 162 頁，王造時譯，三聯書店，1956 年。

——又是一切人們所能取得與熟習的，同時它又能夠達到最複雜和精緻的審美的完成」〔註51〕。詩歌的這種特性，使它在早期往往以「獻」的形式出現。周秦時期的采詩制度，就是早期詩歌由「獻」而「文」的橋梁。

關於采詩的古制，《漢書》的記錄最為清楚。《藝文志》中說：

> 古有采詩之官，王者所以觀風俗，知得失，自考正也。

《食貨志》又說：

> 孟春之月，羣居者將散，行人振木鐸徇於路，以采詩，獻之大師，
> 比起音律，以聞於天子。故曰王者不窺牖戶而知天下。

語雖後出，但有所本。今見先秦文獻中就多有對采詩之舉的記錄。如《國語·周語上》記召公對厲王的訓詞中說：

> 天子聽政，使公卿至於列士獻詩，瞽獻曲，史獻書，師（獻）箴，
> 瞍（獻）賦，矇（獻）誦，百工（獻）諫，庶人傳語，近臣盡規，
> 親戚補察，瞽、史教誨，耆、艾修之，而後王斟酌焉，是以事行而
> 不悖。

《國語·晉語》中記范文子教育趙文子時說：

> 吾聞古之王者，政德既成，又聽於民，於是乎使工誦諫於朝，在列
> 者獻詩使勿兜，風聽臚言於市，辨袄祥於謠，考百事於朝，問謗譽
> 於路，有邪而正之，盡戒之術也。

《左傳·襄公十四年》記師曠規勸晉侯時也說：

> 史為書，瞽為詩，工誦箴諫，大夫規誨，士傳言，庶人謗，商旅於
> 市，百工獻藝。故《夏書》曰：『遒人以木鐸徇於路。官師相規，工
> 執藝事以諫。』正月孟春，於是乎有之，諫失常也。

《禮記·王制》中的記載則更為詳細：

> 天子五年一巡守：歲二月，東巡守至於岱宗，柴而望祀山川；覲諸
> 侯；問百年者就見之。命大師陳詩以觀民風，命市納賈以觀民之所
> 好惡，志淫好辟。命典禮考時月，定日，同律、禮、樂、制度、衣
> 服，正之。……五月，南巡守至於南嶽，如東巡守之禮。八月，西
> 巡守至於西嶽，如南巡守之禮。十有一月，北巡守至於北嶽，如西
> 巡守之禮。歸，假於祖禰，用特。

語中雖未及「采」，只見「陳詩」，但被採納是獻的目的和動力，有採納才有

〔註51〕〔德〕格羅賽：《藝術的起源》，第205頁，蔡慕暉譯，商務印書館，1984年。

陳的內容和資本——如鄭玄注「陳詩，謂采其詩而視之」。

出土文獻中對於采詩制度也有反映，《孔子詩論》第三簡中就說：「邦風其納物也，溥觀人俗焉，大斂材焉」〔註52〕。

從上述材料中可以歸納出采詩制度大致包括以下具體內容：

1、采詩的時間一般在每年的孟春之月；如遇五年一度的天子巡狩，則四季均有采詩之舉。

2、采詩的方式主要有兩種，一是專人（「遒人」）「振木鐸徇於路」，至民間采集；一是接受臣下所獻。

3、所采之詩匯總於最高樂師（「大師」），經過整理（「比其音律」）後獻於天子。

4、采詩的目的是借所采之詩觀民風、納諫言、調整統治政策以及祭祀祖宗。

儘管采詩制度在春秋中葉以後就已解體——所謂「王者之迹息而詩亡」〔註53〕，但正是在這一制度的引導下，「風」、「雅」、「頌」很早就形成了各自內容豐富的文本，成為春秋中葉以前中國思想文化的重要載體〔註54〕。

采士制度事實上就是對「獻」的選拔徵集制度。《禮記・射義》「古者天子之制，諸侯歲獻，貢士於天子」，《周禮・地官・大夫》「三年則大比，考其德行道藝，而興賢者能者」等都是它的具體內容。後來秦孝公所謂「賓客群臣，能出奇計強秦者，吾且尊官，與之分土」〔註55〕，齊威王在稷下學宮廣延天下賢士「數百千人」〔註56〕，等等，都是對這一古制的沿用。在集賢納士的過程中，文獻以其另一種形式發揮了作用。

二、記錄制度

周秦官方文獻的記錄者主要是史。

「史」的本義，據《說文解字》的解釋，是「記事者也，從右持中」。所

〔註52〕馬承源主編：《上海博物館藏楚竹書》（一），上海古籍出版社，2001年。

〔註53〕《孟子・離婁下》。

〔註54〕胡適曾說「從前第八世紀，到前第七世紀，這兩百年的思潮，除了一部《詩經》，別無可考。」話雖偏激，但從一個側面反映出早期詩的價值。見胡適：《中國哲學史大綱》，卷上導言，上海古籍出版社，1997年。

〔註55〕《史記》卷5《秦本紀》。

〔註56〕《史記》卷46《田敬仲完世家》。

持之「中」究竟何指，古今學者多有自己的看法。許慎以爲「中，正也」；吳大澂以爲「持中即持冊之象」〔註57〕；王國維以爲「中者盛籌之器也」〔註58〕；金毓黻以爲中爲「檔案之正本」〔註59〕。說雖不同，但大致都認爲「中」與寫字、記事有關。與眾人之說差別較大的，是勞幹的釋「史」爲「從右持鑽」，他認爲「鑽是象鑽龜之事」，因爲卜筮之事是史官最重要的職務，而記事爲後起」〔註60〕。是否「持鑽」難以斷定，但史先掌卜筮的說法比較接近事實。

史的出現很早，前文已經提到，它源自於巫。對於巫史的分離過程，魯迅做過非常生動的描述〔註61〕：

> 原始社會裏，大約先前只有巫，待到漸次進化，事情繁複了，有些事情，如祭祀，狩獵，戰爭……之類，漸有記住的必要，巫就只好在他那本職的「降神」之外，一面也想法來記事，這就是「史」的開頭。況且「升中於天」，他在本職上，也得將記載酋長和他的治下的大事的冊子，燒給上帝看，因此一樣的要做文章──雖然這大約是後起的事。再後來，職掌分得更清楚了，於是就有專門記事的史官。

巫史同源的記憶到漢代還深嵌在史家的腦海裏，因此司馬遷說「文史星曆，近乎卜祝之間」〔註62〕。倉頡爲黃帝史官的說法〔註63〕已杳無可考；相比之下夏代有「太史令終古」、商有「內史向摯」〔註64〕的記載就比較可信，因爲「史」、「內史」、「太史」等名稱已在殷商甲骨文中多見。

古代宗教是統治者治理國家、教化民眾的思想工具，商周時期最重要的宗教活動是卜筮和祭祀。正如文獻中所記載的：

> 汝則有大疑，謀及卜筮。〔註65〕
> 探賾索隱，鉤深致遠，以定天下之吉凶、成天下之亹亹者，莫大乎

〔註57〕 吳大澂：《說文古籀補》。
〔註58〕 王國維：《釋史》，《觀堂集林》卷6，《王國維遺書》，第四冊，上海古籍書店，1983年。
〔註59〕 金毓黻：《中國史學史》，第10～11頁，商務印書館，1999年。
〔註60〕 勞幹：《史字的結構及史官的原始職務》，《大陸雜誌》，第十四卷第三期，1957年12月15日。
〔註61〕 魯迅：《門外文談》，《魯迅全集》，第6卷，人民文學出版社，1956年。
〔註62〕 《史記》卷130《太史公自序》。
〔註63〕 《說文解字·敘》：「黃帝之史倉頡，見鳥獸蹄迒之迹，知分理之可相別異也，初造書契。」
〔註64〕 《呂氏春秋·先識覽》。
〔註65〕 《尚書·洪範》。

筮龜。〔註66〕

夫祀，國之大節也。〔註67〕

國之大事，在祀與戎。〔註68〕

禮之五經，莫重於祭。〔註69〕

在這兩種宗教活動中，史無疑要扮演著重要的角色。首先，史要充當神職人員參與儀式。如卜辭中有「丁酉史其告（於）南室」（大意是說，丁酉這天，史官在南室主持祭祀）〔註70〕。《周禮·春官宗伯》中說在「大祭祀」時大史要「與執事卜日，戒卑宿之日，與群執事讀禮書而協事」；小史「讀禮法」；御史要「鳴鈴以應雞人」。《左傳·閔公二年》說「狄人囚史華龍滑與禮孔以逐衛人，二人曰：『我，大史也，實掌其祭』」；等等。同時，史要擔任起記錄的任務。如《易》和卜辭就是記錄的成果。尤其是被稱爲甲骨文書的卜辭，其刻寫行文、形式內容都有基本規律可循，說明史在製作它們的過程中遵守著一定的規章制度。史對卜筮祭祀的記錄甚至可能彙集成了宗教資料庫。《左傳·僖公二十五年》記載，晉文公有事舉棋不定而使卜偃卜，結果是「吉。遇黃帝戰於阪泉之兆」——解占材料信手拈來。

記錄宗教文獻之外，史還負責記錄天子的一言一行。《左傳·莊公二十三年》記曹劌勸諫莊公時說「君舉必書」，《禮記·玉藻》記「動則左史書之，言則右史書之」，《漢書·藝文志》記「左史記言，右史記事」。雖然對左右史具體分工的記載出現牴牾，但對君王言行舉止必有所記的意思表達得非常明確。關於君舉必書制度，我們可以從澠池之會上藺相如與秦昭王鬥智鬥勇的故事中得到感性認識〔註71〕：

秦王飲酒酣，曰：「寡人竊聞趙王好音，請奏瑟。」趙王鼓瑟。秦御史前書曰「某年月日，秦王與趙王會飲，令趙王鼓瑟。」藺相如前曰：「趙王竊聞秦王善爲秦聲，請奏盆瓴秦王，以相娛樂。」秦王怒，不許。於是相如前進瓴，因跪請秦王。秦王不肯擊瓴。相如曰：「五

〔註66〕《周易·繫辭下》。清·阮元校刻《十三經注疏》本，上海古籍出版社，1997年。下引《周易》版本同。

〔註67〕《國語·魯語上》。

〔註68〕《左傳·成公十三年》。

〔註69〕《禮記·祭義》。

〔註70〕羅振玉：《殷墟書契續編》，卷二，第6頁，第3片。

〔註71〕《史記》卷81《廉頗藺相如列傳》。

> 步之內，相如請得以頸血濺大王矣！」左右欲刃相如，相如張目叱
> 之，左右皆靡。於是秦王不懌，爲一擊缻。相如顧召趙御史書曰「某
> 年月日，秦王爲趙王擊缻。」

同時我們還可以認識到，兩國御史以年月日爲綱記錄事件的方法，與之前卜辭的記事方法一脈相承。這些記錄彙集之後，恐怕就成爲兩國各自的「春秋」。史於中國文明的作用之大，正如徐復觀所說「史是中國古代文化的搖籃……欲爲中國學術探源索本，應當說中國一切學問皆出於史」〔註72〕。

值得注意的是，史官記事的制度並沒有像采詩制度那樣隨著禮崩樂壞而宣告解體。所謂「諸侯列國，亦各有史官」〔註73〕。據統計春秋戰國間周、晉、衛、虢、魯、齊、楚、秦、燕、趙、宋、韓、魏等國都有自己的史官，包括史、太史、內史、左史、外史、南史、董史、御史、侍史、筮史、祝史、守藏室史等〔註74〕。他們仍然秉承古老的職責，記事記史。如《左傳·襄公二十九年》所說：「魯之於晉也，職貢不乏，玩好時至，公卿大夫相繼於朝，史不絕書。」

歸納一下，周秦文獻記錄制度主要包括三方面的內容：

1、記錄職責由史承擔。

2、所記內容，主要是宗教文獻和史料。

3、記錄的目的，是「昭言行，愼法式」〔註75〕，以觀後嗣。

正因爲有這樣的制度，史官們創造了大量的文獻。以西周史官爲例，現存尙書中的周書（除僞古文外）均爲其作品；甚至「銘功」、「冊命」亦皆出其手〔註76〕。就各國史官而言，他們留下了整個春秋戰國的「歷史」。

三、保管制度

周秦文獻保管制度包括文獻的保存制度和管理制度。

〔註72〕 徐復觀：《兩漢思想史》，第3卷，第230～231頁，華東師範大學出版社，2001年。

〔註73〕 《史通·史官建置第一》，清·浦起龍：《史通通釋》，上海古籍出版社，1978年。下引《史通》版本同。

〔註74〕 吳懷祺主編：《中國史學思想史》（先秦卷），第215～219頁，《春秋戰國史官職名及活動一覽表》，黃山書社，2005年。

〔註75〕 《漢書》卷30《藝文志》。中華書局二十四史點校本。下文引《漢書》版本同。

〔註76〕 晁福林：《西周時期史學的發展和特徵》，《史學史研究》1995年第4期。

　　文獻保存主要涉及存放地、保存方法、保管者三方面的內容。

　　首先是文獻的存放地點。考古發現表明，商代甲骨卜辭的存放已經遵循一定的規律。從殷墟出土情況來看，不同載體（甲與骨）刻辭分置於不同的窖穴，不同時代的刻辭也分別存放。分冊之後的卜辭按干支順序排放，成冊甲骨可能還編寫冊次〔註77〕。此外，「刻辭中的『冊入』即是成冊入庫的標記」，〔註78〕可見當時已有專門的存放地。周代的文獻主要存放於宗廟。從《周禮》中「天府，掌祖廟之守藏與其禁令，凡官府鄉州及都鄙之治中，受而藏之，」〔註79〕，「群吏獻賢能之書於王……登於天府」〔註80〕，「凡邦之大盟約……登之天府」、「以三刺斷庶民訟獄之中，歲終則群士計獄弊訟，登中於天府，及大比民數，自生齒以上登於天府」〔註81〕等記載，宗廟中的「天府」是各類官書的重要藏所。另據「王命大正正刑書，太史乃藏於盟府，以爲歲典」〔註82〕、「凡取龜用秋時，攻龜用春時。各以其物入於龜室」〔註83〕、老子曾爲「周守藏室之史」〔註84〕、孔子曾「西觀書於周室」〔註85〕的說法，天府之外，周尚有「盟府」、「龜室」、「守藏室」、「周室」等文獻的專門存放地。西周後期以降，學術下移，各諸侯國也開始收藏文獻。宗廟仍舊是各國文獻的法定收藏地，如《孟子·告子下》所說：「典籍，受之天子，藏諸宗廟」，「諸侯之地方百里；不百里，不足以守宗廟之典籍」。即便是被漢儒指爲「不篤禮義」的秦朝也設有專門的文獻藏所，司馬遷說「秦撥去古文，焚滅《詩》、《書》，故明堂、石室、金匱玉版圖籍散亂」〔註86〕，又說「秦既得意，燒天下《詩》、《書》，諸侯史記尤甚……史記獨藏周室，以故滅」〔註87〕，說明其藏所至少有明堂、石室、金匱、周室四處。

〔註77〕　劉渝生：《商代藏書——我國最早的圖書館》，《圖書館學研究》1986 年第 4 期。
〔註78〕　李致忠、周少川等：《中國典籍史》，第 289 頁，上海人民出版社，2004 年。
〔註79〕　《周禮·天官·天府》，清·阮元校刻《十三經注疏》本，上海古籍出版社，1997 年。下文引《周禮》版本同。
〔註80〕　《周禮·地官·司徒》。
〔註81〕　《周禮·秋官·司寇》。
〔註82〕　《逸周書·嘗麥解》。
〔註83〕　《周禮·春官·龜人》。
〔註84〕　《史記》卷 63《老子韓非列傳》。
〔註85〕　《漢書》卷 14《十二諸侯年表》。
〔註86〕　《史記》卷 130《太史公自序》。
〔註87〕　《史記》卷 15《六國年表》。

　　其次是文獻的保存方法。這裡有兩點應引起注意：第一，《禮記》「龜策
蔽則埋之」〔註88〕之說已經得到了考古發現的證實；第二，《周禮》中多處提
到對文獻的存副即「貳之」，如：

　　　　大史……掌則……凡邦國都鄙及萬民之有約劑者藏焉，以貳六
　　　　官……內史掌書王命，遂貳之。〔註89〕

　　　　羣吏獻賢能之書於王，王再拜受之，登於天府，內史貳之。〔註90〕

　　　　凡邦之大盟約……大史、內史、司會及六官皆受其貳而藏之……及
　　　　大比，登民數，自生齒以上登於天府，內史、司會、冢宰貳之，以
　　　　制國用。〔註91〕

二者都說明了商周時代就有了文獻長期保存的意識和具體措施。

　　我國很早就有了文獻官掌的制度。《禮記‧曲禮下》記載：

　　　　君天下，曰天子。……天子建天官，先六大：曰大宰、大宗、大史、
　　　　大祝、大士、大卜，典司六典。

《左傳‧昭公十五年》中還有一個「數典忘祖」的著名故事：

　　　　（冬）十二月，晉荀躒如周，葬穆后，籍談為介。既葬，除喪，以
　　　　文伯宴，樽以魯壺。王曰：「伯氏，諸侯皆有以鎮撫王室，晉獨無有，
　　　　何也？」文伯揖籍談，對曰：「諸侯之封也，皆受明器於王室，以鎮
　　　　撫其社稷，故能薦彝器於王。晉居深山，戎狄之與鄰，而遠於王室。
　　　　王靈不及，拜戎不暇，其何以獻器？」王曰：「叔氏，而忘諸乎？叔
　　　　父唐叔，成王之母弟也，其反無分乎？密須之鼓，與其大路，文所
　　　　以大蒐也。闕鞏之甲，武所以克商也。唐叔受之，以處參虛，匡有
　　　　戎狄。其後襄之二路，鏚鉞，秬鬯，彤弓，虎賁，文公受之，以
　　　　有南陽之田，撫征東夏，非分而何？夫有勳而不廢，有績而載，奉
　　　　之以土田，撫之以彝器，旌之以車服，明之以文章，子孫不忘，所
　　　　謂福也。福祚之不登，叔父焉在？且昔而高祖孫伯黶，司晉之典籍，
　　　　以為大政，故曰籍氏。及辛有之二子董之晉，於是乎有董史。女，
　　　　司典之後也，何故忘之？」籍談不能對。賓出，王曰：「籍父其無後

〔註88〕　《禮記‧曲禮》。
〔註89〕　《周禮‧春官‧宗伯》。
〔註90〕　《周禮‧地官‧司徒》。
〔註91〕　《周禮‧秋官‧司寇》。

乎！數典而忘其祖。」

可見周代就設有典司文獻的專門人員。整個周秦時期，文獻的官方管理者主要是史官和博士。

早在夏商時期，國家大典（如「圖法」）就由史具體掌握（如「太史令終古」、「內史向摯」）。周代這種職掌更加明確細緻。《周禮‧春官‧宗伯》對此有詳細的記述：

> 大史掌建邦之六典……掌法……掌則……。小史掌邦國之志……。
> 內史掌王之八枋之法……執國法及國令之貳……掌敘事之法……掌
> 書王命，遂貳之。外史掌書外令，掌四方之志，掌三皇五帝之書，
> 掌達書名於四方……。御史掌邦國、都鄙及萬民之治令……掌贊
> 書……。

老子也曾以史的身份掌理過周室藏書。諸侯國及秦朝的情況基本相似。《左傳‧昭公二年》記：

> （春）晉侯使韓宣子來聘，且告爲政而來見，禮也。觀書於大史氏，
> 見《易》《象》與《魯春秋》，曰：「周禮盡在魯矣。吾乃今知周公之
> 德，與周之所以王也。」

《呂氏春秋‧先識覽》記：

> 晉太史屠黍見晉之亂也，見晉公之驕而無德義也，以其圖法歸周。

《史記‧張丞相列傳》記：

> （張蒼）秦時爲御史，立柱下方書。

史官之外，官方文獻主要保管在博士手中。在先秦早些時侯，博士多爲對博學者的通稱，《說文解字》所謂「博，大通也」。如魯穆公時公儀休、魏昭王時鄭同俱有「博士」之稱〔註92〕，但這裡的「博士」，其意更近於「獻」。大概到戰國末年，齊、魏、秦三國都設置了博士官，此後「博士」成爲官職名稱〔註93〕。早期博士的職掌，史無明文。但至遲在秦代，博士已經負責文獻保管。可依之據有二：其一，《漢書‧百官公卿表》說秦博士「掌通古今」，

〔註92〕 《史記》卷119《循吏列傳》：「公儀休，魯博士也」。《戰國策‧趙策》：「鄭同
北見趙王，趙王曰：『子，南方之博士也。何以教之』」，《戰國策箋注》，南開
大學出版社，1993年。下文引《戰國策》版本同。

〔註93〕 王國維：《漢魏博士考》，《王國維遺書》，第1冊，上海古籍出版社，1983年。
張漢東：《論秦漢博士制度》，安作璋、熊鐵基：《秦漢官制史稿‧附錄》，第
410頁，齊魯書社，1984年。

沒有豐富的知識，何以通古知今？可見秦博士不僅掌握大量文獻，本身也是承傳知識的「獻」。其二，李斯建議焚書時專門提到「非博士官所職，天下敢有藏詩、書、百家語者，悉詣守、尉雜燒之」〔註94〕。可見藏掌典籍是其本責。

　　歷史總在行使它的淘汰權。大量先秦古籍正是賴史官與博士官的守藏，才得以在歷經天人之禍後流傳至漢。

四、推廣制度

　　周秦與文獻推廣相關的制度主要是官方的教育制度和文字制度。

　　《禮記・學記》說「古之王者建國君民，教學爲先」，《孟子・梁惠王上》強調「謹庠序之教」，可見統治者對教育的重視程度。在私學興起之前，教育主要針對貴族子弟進行。《周禮・地官》中對具體的施教情況有較爲詳細的說明：

> 師氏掌以媺詔王。以三德教國子：一曰至德，以爲道本：二曰敏德，以爲行本：三曰孝德，以知逆惡。教三行：一曰孝行，以親父母：二曰友行，以尊賢良：三曰順行，以事師長。居虎門之左，司王朝，掌國中失之事，以教國子弟，凡國之貴遊子弟學焉。……
>
> 保氏掌諫王惡，而養國子以道。乃教之六藝，一曰五禮，二曰六樂，三曰五射，四曰五馭，五曰六書，六曰九數。乃教之六儀，一曰祭祀之容，二曰賓客之容，三曰朝廷之容，四曰喪紀之容，五曰軍旅之容，六曰車馬之容。

無論師氏保氏以什麼方式履行其對「國子」的教養職責，教材都必不可少。如對以上引文進行分析，可知他們可能使用的教材不外兩種類型，一是成文典籍（「文」），一是他們自身所掌握的經驗知識（「獻」）。諸侯們也同樣重視對子弟的教育，《國語・楚語上》中申叔時論教太子之道時指出，應以《春秋》、《世》、《詩》、《禮》《樂》、《令》、《語》、《故志》、《訓典》爲教材；如不見效，則需「求賢良以翼之」──教育內容亦以「文」「獻」爲主。即使是後來秦國的「以吏爲師」，也是向民間普及關於法令的知識。由此可見，官方的施教過程，就是推廣文獻的過程。其教育制度中，包含著文獻推廣制度的相關內容。

〔註94〕《史記》卷6《秦始皇本紀》。

　　文字制度是周秦文獻制度的重要組成。其主要內容，是書同文制度。「文字者，經藝之本，王政之始，前人所以垂後，後人所以識古」〔註95〕，作爲傳播文明、推行教化的重要工具，文字受到統治階層的高度重視。意識形態以文獻爲載體，意識形態的統一以文字的統一爲前提，因此書同文對於文化和政治的大一統具有非凡的意義。漢以前中國歷史上至少有三次書同文的舉措。第一次就是黃帝時期所謂的倉頡造字。上文已經論及，倉頡對文字的貢獻應該是整理而非創造。黃帝時代是中華文明的源頭，中原地區是炎黃部落聯盟的主要活動區域。優越的地理位置和地理環境使這個核心區域具有極強的開放性和凝聚力，便於它的博采和吸納，它也因此得到了有利於自身發展的全面營養，從而「在前第三紀後半葉形成高於周鄰的中心地位」〔註96〕。由於具備自然環境與文化發展雙重因素的優秀條件，中原地區成爲中國文明史上最活躍的文化大熔爐。各種文化在這裡輻輳、交流、融彙、貫通，最終鍛造出更加優秀的文化，並向周圍輻射，其中包括文字系統。考古發現甘青地區馬家窰半山——馬廠類型柳灣墓地、長江中游大溪文化楊家灣墓地都有與半坡符號形狀、大小極爲相似的陶器符號出現〔註97〕。暗示著當時確有一定程度的文字統一，因此《荀子・解蔽》中說：「好書者眾矣，而倉頡獨傳者，壹也」——「壹也」，意應指「整齊劃一也」。

　　第二次書同文發生在西周時期，成果遺存就是《史籀篇》。《史籀篇》已是我國現知最早的字書。關於「史籀」的含義及此書的成書時間，學界有不同的看法。班固和許慎都以爲「籀」是任周宣王太史者的名字，書成於西周宣王時期〔註98〕；王國維認爲「籀」應訓作「誦讀」，「史籀」爲「太史籀書」之省文〔註99〕，書爲春秋戰國間秦人的作品〔註100〕；裘錫圭旁徵博引力駁王

〔註95〕《說文解字・敘》。
〔註96〕蘇秉琦：《中國文明起源研討會紀要》，《考古》1992 年第 6 期。
〔註97〕甘肅省博物館等：《一九八〇年大地灣一期物化遺存發掘簡報》，《考古與文物》1982 年第 2 期。徐大立：《蚌埠雙墩新石器遺址陶器刻劃符號初論》，《文物研究》總第 5 輯，黃山書社，1989 年 9 月。青海省文物處考古隊、中國科學院考古所：《青海柳灣》，文物出版社，1985 年。宜昌博物館：《宜昌縣楊家灣新石器時代遺址》，《江漢考古》1984 年第 4 期。
〔註98〕《漢書》卷 30《藝文志》。《說文解字・敘》。
〔註99〕王國維：《〈史籀篇〉疏證序》，《王國維遺書》第六冊，上海古籍書店，1983 年。
〔註100〕王國維：《戰國秦用籀文六國用古文說》，《王國維遺書》第一冊，上海古籍書店，1983 年。

說〔註101〕；唐蘭指出周宣王爲「周元王」之誤，史籍即《漢書・古今人表》中列於春秋戰國之際的史留〔註102〕。各說都有依據，但據現有資料，西周對文字進行過統一應無疑問。一方面，「普天之下莫非王土，率土之濱莫非王臣」〔註103〕，不可能沒有統一規範的文字傳達天子意旨，《周禮・春官・宗伯》就記載有外史「掌達書名於四方」，鄭玄注「古曰名，今曰字。使四方知書之文字，得能讀之」。另一方面，考古資料也提供了大量證據：從時間上看，西周早中晚期器物如武王時《利簋》〔註104〕、恭王時《牆盤》〔註105〕、宣王時《頌壺》〔註106〕等的銘文字迹差別細微；從空間上看，各諸侯國器物如《衛鼎》〔註107〕、《毛公旅方鼎》〔註108〕、《蔡侯鼎》〔註109〕、《鄭伯鼎》〔註110〕、《吳王姬鼎》〔註111〕等的銘文字迹也基本一致。因此，宣王中興時以規範漢字爲其重振天威的努力之一是極有可能的。

　　最爲重要的文字統一發生在國祚短暫的秦代。秦統一前，由於空間的相對獨立及割據狀態的長期存在，各地文化存在很大差異，「田疇異畝，車塗異軌，律令異法，衣冠異制，言語異聲，文字異形」〔註112〕。六國文字各自爲體，詭制殊形。對於一個統一伊始的王朝而言，「文字異形」勢必成爲地域間政治經濟文化交流的極大障礙，更是一種潛在的導致分裂割據的隱患。統一文字成爲社會進步和秦始皇鞏固勝利果實的共同要求。同時先秦秦國的文字已經十分發達，統一進程中秦「虎摯之士」也已經對所到之處進行文字侵略。這些都爲新文字制度的出臺做好了鋪墊。因此，掃滅六合的當年，秦即著手文字制度的建立。對此文獻中有這樣一些記載：

〔註101〕裘錫圭：《文字學概要》，第48～51頁，商務印書館，1988年。

〔註102〕唐蘭：《中國文字學》，第155～156頁，上海古籍出版社，1979年。

〔註103〕《詩經・小雅・北山》。

〔註104〕中國社會科學院考古研究所編：《殷周金文集成》，第8冊，第13頁，中華書局，1987年。

〔註105〕《殷周金文集成》，第16冊，第181頁，中華書局，1994年。

〔註106〕《殷周金文集成》，第15冊，第277頁，中華書局，1993年。

〔註107〕《殷周金文集成》，第8冊，第47頁，中華書局，1985年。

〔註108〕《殷周金文集成》，第5冊，第124頁，中華書局，1985年。

〔註109〕《殷周金文集成》，第4冊，第285頁，中華書局，1986年。

〔註110〕《殷周金文集成》，第5冊，第36頁，中華書局，1985年。

〔註111〕《殷周金文集成》，第4冊，第294頁，中華書局1986年。

〔註112〕《說文解字・敍》。

（秦始皇二十六年）一法度衡石丈尺。車同軌。書同文字。〔註113〕

器械一量，同書文字。〔註114〕

《倉頡》七章者，秦丞相李斯所作也；《爰歷》六章者，車府令趙高
所作也；《博學》七章者，太史令胡毋敬所作也。文字多取《史籀篇》，
而篆體復頗異，所謂秦篆者也。〔註115〕

秦始皇帝初兼天下，丞相李斯乃奏同之。罷其不與秦文合者。斯作
《倉頡篇》，中車府令趙高作《爰歷篇》、太史令胡毋敬作《博學篇》。
皆取史籀大篆，或頗省改，所謂小篆者也。〔註116〕

從中可以獲知以下重要信息：第一、「不與秦文合」的六國系統文字被宣佈停
用，秦政府規定了統一的標準字體——小篆；第二、小篆是對秦系大篆文字
的整理與創新，整創原則是刪繁就簡；第三、秦政府為小篆的推行採取了積
極的措施，即頒佈了統一文字的標準範本——《倉頡篇》、《爰歷篇》、《博學
篇》。

這就是見於傳世文獻的秦初所建文字制度的內容。今見秦文遺存中的《琅
邪》《泰山》二刻殘石（分別藏於北京國家博物館和山東泰安岱廟）、《陽陵虎
符》（現藏國家博物館）及部分秦權量詔銘字體均為小篆，即是對此制度頒行
情況的寫照。

秦製定文字制度的初衷或許是將字體統一於小篆，但是當時存在一個不
容忽視的實際情況，即秦隸的普遍使用。秦隸是秦系文字的另一支，和小篆
一樣在先秦時期已經萌芽並發展。1979 年四川省青川縣郭家坪秦墓出土的秦
武王時期兩件木牘〔註117〕、1986 年甘肅省天水市放馬灘 1 號秦墓出土的統一
前夕 460 餘枚秦簡〔註118〕、1975 年湖北省雲夢縣睡虎地秦墓出土的統一前後
1155 枚簡〔註119〕、1989 年雲夢龍崗 6 號墓出土的秦代竹簡〔註120〕的墨書字
迹等反映了秦文隸變的過程，從中可見秦隸的兩大特徵，即字體已開始擺脫

〔註113〕《史記》卷 6《秦始皇本紀》。
〔註114〕《史記》卷 6《秦始皇本紀》。
〔註115〕《漢書》卷 30《藝文志》。
〔註116〕《說文解字·敘》。
〔註117〕李昭和：《青川木牘文字簡考》，《文物》1982 年第 1 期。
〔註118〕何雙全：《天水放馬灘秦簡綜述》，《文物》1989 年第 2 期。
〔註119〕睡虎地秦墓竹簡整理小組：《睡虎地秦墓竹簡》，文物出版社，1990 年。
〔註120〕劉信芳、梁柱：《雲夢龍崗秦簡》，科學出版社，1997 年。

象形束縛、書寫較小篆更爲簡便。就漢字字體發展的趨勢而言，秦隸顯然進步於小篆。法家思想中有注重實用的特質，趨繁去簡不符合秦人的一貫作派。於是當局在略晚時候對先建制度作出了調整。文獻中這樣記載：

> 是時造隸書矣，起於官獄多事苟趨省易，施之於徒隸也。〔註121〕

> 是時秦燒滅經書，滌除舊典，大發隸卒，興戍役。官獄職務繁，初有隸書，以趨約易。而古文由此絕矣。〔註122〕

> 下土人程邈爲衙獄吏，得罪始皇，幽繫雲陽十年，從獄中作大篆，少者增益，多者損減，方者使員，員者使方。奏之始皇，始皇善之，出爲御史，使定書。或曰邈所定字乃隸字也。〔註123〕

> 隸書亦程邈所獻，主於徒隸，從簡易也。〔註124〕

> （程）邈善大篆，初爲縣之獄吏，得罪始皇，繫雲陽獄中，覃思十年，損益大小篆方圓筆法，成隸書三千字，始皇稱善，釋其罪而用爲御史，以其便於官獄隸人佐書，故名曰「隸」。〔註125〕

漢唐學者或未見先秦遺物，但必見秦代隸書墨迹，故以爲隸書起於秦代，甚至還找出了一個始作書者——程邈，誤，因爲隸書形成於戰國晚期已成定論，它是「在戰國時代秦國文字俗體的基礎上逐漸形成的」〔註126〕。剔除其中的錯誤成分，這些記載還是透露了一些信息：第一，爲「省易」之故，秦代官吏日常辦公時多用隸書；第二，秦隸與秦小篆是源於秦大篆的一對「兄弟」，二者同時並行，相互沒有邏輯繼承關係；第三，有人（程邈）對隸書進行了規範整理，一如李斯等人之於小篆；第四，統治者首肯了隸書的使用。

這次調整不是規定而是承認了隸書的合法性，表現出對漢字發展規律的尊重。小篆只是對傳統古文字的規範和總結，隸書則是「書同文」最有意義的成果。紙發明之前簡牘是使用最廣泛的書寫材料。現見秦簡均爲隸體，證實隸書才是當時人們日常生活中大量使用的字體。如果沒有這種尊重，這一局面的出現難以想像。

〔註121〕《漢書》卷30《藝文志》。
〔註122〕《說文解字·敍》。
〔註123〕《晉書》卷36《衛瓘傳》。中華書局二十四史點校本。
〔註124〕《漢書》卷30《藝文志》顏師古注。
〔註125〕唐·張懷瓘：《書斷·大篆》，上海書畫出版社、華東師範大學古籍整理研究室：《歷代書法論文選》，第154頁，上海書畫出版社，1979年。
〔註126〕裘錫圭：《文字學概要》，第69頁，商務印書館，1988年。

　　客觀地說，「書同文字」作為一個目標在秦朝並未得以完全實現，換言之，秦的文字制度在當時貫徹得並不徹底。秦帝國存亡倏忽，十五年間還要制郡縣、徙豪族，南征北戍、東巡西討，大興土木，焚書坑儒。精力有限，國壽苦短，故不可能在文字領域有太大的投入。而全面系統地製定規範推廣普及某種書體，是一項龐大的工程，絕非一蹴可就。畢竟小篆和隸書都不完全是漢字自然發展的產物。停用六國文字或許只需一道詔書，而讓六國遺民掌握他們之前並不熟悉的字體，書寫時既要規範還要美觀，則需一個過程。秦俑文字與秦刑徒墓誌文字的五花八門、幼稚拙陋〔註 127〕，部分秦權量詔版與秦陶文所表現的介於小篆隸書之間的第三種風格〔註 128〕，秦封泥中大量異體字的存在〔註 129〕，都是對這個過程的真實記錄。但是它在引導漢字重歸統一方面邁出了堅實而重要的一步，也為漢代相關制度的製定提供了最有價值的母本。

　　周秦時期的書同文制度對文獻的推廣產生了難以估量的影響，從而對中國文化的傳承作出了巨大貢獻。

五、鉗錮制度

　　除過上述積極舉措之外，此期的統治者出於自身的需要，也採取了一些鉗制文獻的政策，主要包括官守其書和焚削文獻。

　　如上文所述，先秦早期的文獻多由官府安排專人保管。章學誠曾對西周學在官府的情形做過較合邏輯的推測：

> 古者政教不分，官私合一，有官斯有法，故法具於官；有官斯有書，故官守其書；有書斯有學，故師傳其學；有學斯有業，故弟子習其業。官守學業皆出於一，而天下以同文而治。〔註 130〕

> 官師守其典章，史臣錄其職掌。〔註 131〕

結合《禮記·禮運》中孔子關於「大人世及以為禮」的說法，可知文獻由其

〔註 127〕王學理：《秦俑專題研究》，第 556 頁，三秦出版社，1994 年。

〔註 128〕周曉陸、路東之：《秦封泥集》，第 17〜19 頁，三秦出版社，2000 年。

〔註 129〕秦始皇陵秦俑坑考古隊：《秦始皇陵西側趙背戶村秦刑徒墓》，《文物》1982 年第 3 期。

〔註 130〕清·章學誠：《校讎通義》，卷 1，《原道》，北京古籍出版社，1956 年。

〔註 131〕清·章學誠：《文史通義》，卷 1，《詩教》上，第 18 頁，中華書局，1985 年。

守官家族負責承遞，所謂「父子疇官，世世相傳」〔註132〕。不僅如此，各官對其職典還須戰戰兢兢如履薄冰，《左傳・昭公二十九年》蔡墨對此就做過交代：

> 夫物物有其官，官修其方，朝夕思之。一日失職，則死及之。

可見文書官守的森嚴情形。

隨著學在官府局面的結束，文獻先下移至諸侯王室，之後向士階層和民間擴展。當發現其中不利自身的因素時，當權者往往採取打殺毀滅的措施。《左傳・襄公十年》記：

> 子孔當國，爲載書，以位序，聽政辟。大夫、諸司、門子弗順，將誅之。子產止之，請爲之焚書。子孔不可，曰：「爲書以定國，眾怒而焚之，是眾爲政也，國不亦難乎？」子產曰：「眾怒難犯，專欲難成，合二難以安國，危之道也，不如焚書以安眾，子得所欲，眾亦得安，不亦可乎？專欲無成，犯眾興禍，子必從之。」乃焚書於倉門之外，眾而後定。

《襄公二十三年》又記：

> 初，斐豹隸也，著於丹書。欒氏之力臣曰督戎，國人懼之。斐豹謂宣子曰：「苟焚丹書，我殺督戎。」宣子喜，曰：「而殺之，所不請於君焚丹書者，有如日！」

前者鄭國子孔爲取悅貴族而焚書，後者晉國斐豹爲毀掉記有他犯罪記錄的書而殺人。因果不同，實質一也。不僅權臣，諸侯毀掉於己不利的文獻的情況在當時也不少見。秦孝公就採納過商鞅「燔詩書而明法令」〔註133〕的建議以圖強國。因此孟子關於「諸侯惡其害己也，而皆去其籍」的感慨雖就「周室班爵祿」的問題而發〔註134〕，其實卻具有廣泛的概括性。時至秦代，針對文獻的火炬屠刀更是被統治者高高舉起，文獻遭遇了其產生以來最大的摧殘。

疇人世業、輒行滅殘，這樣的制度對文獻的傳佈極爲不利，因而成爲文獻發展的最大羈絆。

〔註132〕《史記》卷128《龜策列傳》。
〔註133〕《韓非子・和氏》。
〔註134〕《孟子・萬章下》：「北宮錡問曰：『周室班爵祿也，如之何？』孟子曰：『其詳不可得聞也，諸侯惡其害己也，而皆去其籍；然而軻也嘗聞其略也。』」

第三節　文獻活動

　　相對於文獻制度而言，周秦的文獻活動主要指周秦學者開展的、與當時文獻相關的一系列學術活動，包括文獻的傳播、整理、分類和闡釋。這個概念或可等同於「文獻工作」。需要指出的是，這些活動並非都是專對文獻的自覺行為。儘管如此，這些活動在客觀上都促進了文獻的發展繁榮，中國古代文獻學的幼芽也於其中萌生。

一、傳播

　　此期文獻的傳播主要有兩種途徑，一是學術下移過程中的自然傳播，一是文化普及過程中的自覺傳播。

　　平王之時，周室衰微，「諸侯強並弱，齊、楚、秦、晉始大，政由方伯」〔註135〕，「禮樂征伐自天子出」的局面被徹底打破。（注意這裡的「禮樂」，是指關於禮樂的文獻。）《左傳‧襄公二十九年》記：

> 吳公子札來聘……請觀於周樂。使工為之歌《周南》、《召南》，曰：「美哉！始基之矣，猶未也。然勤而不怨矣。」為之歌《邶》、《鄘》、《衛》，曰：「美哉，淵乎！憂而不困者也。吾聞衛康叔、武公之德如是，是其《衛風》乎？」為之歌《王》，曰：「美哉！思而不懼，其周之東乎？」為之歌《鄭》，曰：「美哉！其細已甚，民弗堪也，是其先亡乎！」為之歌《齊》，曰：「美哉！泱泱乎！大風也哉！表東海者，其大公乎！國未可量也。」為之歌《豳》，曰：「美哉！蕩乎！樂而不淫，其周公之東乎？」為之歌《秦》，曰：「此之謂夏聲。夫能夏則大，大之至也，其周之舊乎？」為之歌《魏》，曰：「美哉！渢渢乎！大而婉，險而易行，以德輔此，則明主也。」為之歌《唐》，曰：「思深哉！其有陶唐氏之遺民乎？不然，何憂之遠也？非令德之後，誰能若是？」為之歌《陳》，曰：「國無主，其能久乎？」自《鄶》以下無譏焉。為之歌《小雅》，曰：「美哉！思而不貳，怨而不言，其周德之衰乎？猶有先王之遺民焉。」為之歌《大雅》，曰：「廣哉！熙熙乎！曲而有直體，其文王之德乎？」為之歌《頌》，曰：「至矣哉！直而不倨，曲而不屈，邇而不偪，遠而不攜，遷而不淫，復而

不厭，哀而不愁，樂而不荒，用而不匱，廣而不宣，施而不費，取而不貪，處而不底，行而不流，五聲和，八風平，節有度，守有序，盛德之所同也。」見舞《象箾》、《南籥》者，曰：「美哉！猶有憾。」見舞《大武》者，曰：「美哉！周之盛也，其若此乎！」見舞《韶濩》者，曰：「聖人之弘也，而猶有慚德，聖人之難也。」見舞《大夏》者，曰：「美哉！勤而不德，非禹其誰能修之？」見舞《韶箾》者，曰：「德至矣哉！大矣！如天之無不幬也，如地之無不載也，雖甚盛德，其蔑以加於此矣。觀止矣！若有他樂，吾不敢請已！」

魯所存周樂內容之全面，令季札發出「觀止矣！」的感慨。《史記》中又說：

> 幽、厲之後，周室微……疇人子弟分散。〔註136〕

> 司馬氏世典周史。惠襄之間，司馬氏去周適晉。晉中軍隨會奔秦，而司馬氏入少梁。自司馬氏去周適晉，分散，或在衛，或在趙，或在秦。〔註137〕

可見原藏王官的各種文獻，都猶如水之向下，灌漑諸侯。

以三家分晉和田氏代齊爲標誌，歷史又進入了另一個變革期。劇烈的社會動蕩之中，學術進一步下移，「從王室公族徹底解放出來，爲士階層所掌握、推廣和發展」〔註138〕。身具一技之長的士開始重尋出路，如《論語·微子》中說：

> 大師摯適齊，亞飯干適楚，三飯繚適蔡，四飯缺適秦，鼓方叔入於河，播鼗武入於漢，少師陽、擊磬襄入於海。

他們以及他們所掌握的文獻也隨之流佈四方。

但上述情況中都不存在文獻傳播的自覺性。換言之，它們只是一種社會變動的附屬現象。

文獻傳播的自覺，初現於私學興起後師與弟子的傳與習。《論語·述而》記孔子自言「自行束脩以上，吾未嘗無誨焉」並「以詩書禮樂教」；《莊子·德充符》記魯國的王駘收徒講學，「從之遊者與仲尼相若……與夫子中分魯」；《論衡·講瑞》記魯國的少正卯開門講學，致「孔子之門，三盈三虛」；《呂

〔註136〕《史記》卷26《曆書》。
〔註137〕《史記》卷130《太史公自序》。
〔註138〕李致忠、周少川、張木早：《中國典籍史》，第24頁，上海人民出版社，2004年。

氏春秋・審應覽》記鄭國的鄧析「與民之有獄者約：大獄一衣，小獄襦袴。民之獻衣襦袴而學訟者，不可勝數」。可見博學之士開門講學是春秋戰國時期的一種風氣。老師本身是「獻」，又都對各類文獻進行過學習，因此他們的施教過程，就是自覺傳播文獻的過程。隨著時代的發展，弟子成長為師，對承之於先師的文獻進行再傳，其間的自覺程度也隨之不斷提高。以儒家為例，孔門後學就肩負著文獻傳播的重擔。《史記》記載〔註139〕：

> 自孔子卒後，七十子之徒散遊諸侯，大者為師傅卿相，小者友教士大夫，或隱而不見。故子路居衛，子張居陳，澹臺子羽居楚，子夏居西河，子貢終於齊。如田子方、段干木、吳起、禽滑釐之屬，皆受業於子夏之倫，為王者師。是時獨魏文侯好學。後陵遲以至於始皇，天下並爭於戰國，儒術既絀焉，然齊魯之間，學者獨不廢也。於威、宣之際，孟子、荀卿之列，咸遵夫子之業而潤色之，以學顯於當世。

無論是「七十子之徒」，抑或是「孟子荀卿之列」，正是由於他們的自覺，儒家文獻才能夠突破時空的界限，廣為流傳。

二、整理

最早對先秦文獻進行整理的人，現知是周宣王時期的宋國大夫正考父。《國語・魯語下》記「昔正考父校商之名頌十二篇於周大師，以《那》為首。」而對先秦文獻整理最具成就的人，是學界所謂我國文獻學的開山孔子。後來被儒家奉為經典的六經，就是孔子所整理過的最重要的文獻。儘管前人就孔子整理六經的問題已經展開過難計其數的討論，但這仍然是文獻學研究中不能繞過的問題。本文因此對其略作梳理。

關於孔子與六經的關係，最為系統的資料見於《史記・孔子世家》。其中說道：

> 孔子之時，周室微而禮樂廢，《詩》《書》缺。追迹三代之禮，序《書傳》，上紀唐虞之際，下至秦繆，編次其事。曰：「夏禮吾能言之，杞不足徵也。殷禮吾能言之，宋不足徵也。足，則吾能徵之矣。」觀殷夏所損益，曰：「後雖百世可知也，以一文一質。周監二代，郁郁

〔註139〕《史記》卷121《儒林列傳》。

乎文哉。吾從周。」故《書傳》、《禮記》自孔氏。孔子語魯大師：「樂
其可知也。始作翕如，縱之純如，皦如，繹如也，以成。」「吾自衛
反魯，然後樂正，雅頌各得其所。」古者《詩》三千餘篇，及至孔
子，去其重，取可施於禮義，上采契、后稷，中述殷周之盛，至幽
厲之缺，始於衽席，故曰「關雎之亂以爲風始，鹿鳴爲小雅始，文
王爲大雅始，清廟爲頌始」。三百五篇孔子皆弦歌之，以求合韶武雅
頌之音。禮、樂自此可得而述，以備王道，成六藝。孔子晚而喜《易》，
序彖、繫、象、說卦、文言。讀《易》，韋編三絕。曰：「假我數年，
若是，我於《易》則彬彬矣。」孔子以《詩》、《書》、禮、樂教，弟
子蓋三千焉，身通六藝者七十有二人。如顏濁鄒之徒，頗受業者甚
眾。……子曰：「弗乎弗乎，君子病沒世而名不稱焉。吾道不行矣，
吾何以自見於後世哉？」乃因史記作春秋，上至隱公，下訖哀公十
四年，十二公。據魯，親周，故殷，運之三代。約其文辭而指博。

其中透露的信息是，由於孔子的整理，六經才規範、才整端、才佈行。

孔子之於《詩》，主要的工作是編定。詩的起源絕早，「饑者歌其食，勞者
歌其事」、「男女有所怨恨，相從而歌」〔註140〕，皆可成詩。因此「古者詩三千
餘篇」以及「誦詩三百，弦詩三百，歌詩三百，舞詩三百」〔註141〕的說法並不
誇張、荒謬。但是古詩三千餘篇經孔子之手成三百篇的說法卻經不起推敲。首
先這些詩歌在孔子之前已經經過較大規模的整理編輯。最早的整理者是西周的
太師、樂正，所謂「……采詩，獻之大師，比起音律，以聞於天子」〔註142〕，
「樂正崇四術，立四教，順先王詩、書、禮、樂以造士」〔註143〕。之後見於記
載的還有魯太師摯，所謂「師摯之始，《關雎》之亂」〔註144〕，「王竭澤而《詩》
亡，魯太師摯次而錄之」〔註145〕。再者孔子展開文獻活動之前，後來的《詩經》
已基本定型。如《左傳·僖公二十七年》記晉國大臣趙衰語：「《詩》、《書》，義
之府也。禮樂，德之則也。」這一年（西元前633年）孔子尚未出生。最有力
的證據，還是《左傳·襄公二十九年》中對季札觀周樂於魯的那段記載。季札

〔註140〕《公羊傳·宣公十五年》何休注。
〔註141〕《墨子·公孟》。中華書局《新編諸子集成》本。下引《墨子》版本同。
〔註142〕《漢書》卷24《食貨志》。
〔註143〕《禮記·王制》。
〔註144〕《論語·泰伯》。
〔註145〕《隋書》卷32《經籍志》，中華書局二十四史點校本。

所觀，幾乎包括了後來《詩經》的全部內容。而這一年（西元前 544 年），孔子不過是七八歲的孩童。因此《詩》三百篇的輯本在孔子之前就已形成。清代學者崔述對《論語》中的有關材料進行辨析後說〔註146〕：

> 子曰：「誦詩三百，授之以政，不達，使於四方，不能專對，雖多，亦奚以爲！」子曰：《詩》三百，一言以蔽之，曰『思無邪』。」玩其詞意，乃當孔子之時已止此數，非自孔子刪之而後爲三百也。

此說甚是。

但是《詩》還是經過了孔子的整理，理由有兩點：

1、《詩》、《書》、禮、樂是孔子施教的主要內容，也是孔門後學從先師那裡繼承的主要文化遺產。《論語》中多見孔子對《詩》的引用解釋評論〔註147〕，上博簡《孔子詩論》中約有一半文字是引用，孔子對《詩》「從心所欲、不逾矩」的評語〔註 148〕。後學所傳，必然打有孔子的思想烙印。

2、《左傳‧襄公二十九年》記季札觀樂時並未提及究竟有多少「頌」，而《詩經》中的「頌」有周、商、魯三種。如果說頌泛指廟堂之音，那麼各國都有宗廟祭祀　，何以只有商魯之頌？如果說頌只是周的廟堂之音，那麼何以有商魯之頌？《左傳‧昭公七年》中孟僖子的一段話或許對我們有所提示：

> 孟僖子……曰：「吾聞將有達者曰孔丘，聖人之後也，而滅於宋。其祖弗父何，以有宋而授厲公。及正考父，佐戴、武、宣，三命茲益共。故其鼎銘云：『一命而僂，再命而傴，三命而俯。循牆而走，亦莫余敢侮。饘於是，鬻於是，以糊余口。』其共也如是。臧孫紇有言曰：『聖人有明德者，若不當世，其後必有達人。』今其將在孔丘乎？

宋爲殷商之後，正考父又是宋之宗室，故曾校商之名頌於周。孔子爲正考父之後，秉承正考父之業志不忘祖本在情理之中〔註149〕。至於魯頌，它歌頌的

〔註146〕清‧崔述：《崔東壁遺書》，卷三，第 309 頁，上海古籍出版社，1983 年。
〔註147〕《論語》中引《詩》9 處，論《詩》11 次。
〔註148〕姜廣輝：《古〈詩序〉的編連、釋讀與定位研究》，姜廣輝主編：《中國經學思想史》，第一卷，第 499 頁，中國社會科學出版社，2003 年。
〔註149〕孔子自己也曾強調：「而丘也，殷人也。」見《禮記‧檀弓上》。

並非魯之先周公而是魯僖公，其中的可能，一是已有周頌，二是孔子對魯國的熱愛——孔子對於魯國的評價很高，所謂「魯一變至於道」〔註150〕，畢竟這是他的「國籍」所在。因此他極有可能將商魯之頌作爲重要的教學內容編入《詩經》。

與《詩》一樣，《書》的原始篇章在孔子之前業已形成。《易·繫辭》說：「河出圖，洛出書，聖人則之」，其中的「書」，相傳就是《洪範》，可見人們記憶中《尚書》的篇章出現之早。《尚書》的名稱代有變異——「其初泛稱書，其次有篇名，其次分夏商周書，其次稱《夏書》爲「尚書」，其次總稱夏商周書爲《尚書》」〔註151〕，「以其上古之書，謂之尚書」〔註152〕。其具體內容，是「政事之紀」〔註153〕，「記錄了距今 2300 年至 3000 年間王室的誥命、誓言和其他的大事」〔註154〕。傳統上認爲，孔子爲《尚書》作過序〔註155〕，但目前並無令人信服的證據。孔子有過對《尚書》的整理行爲，主要有以下兩個依據：

1、《書》也是深受孔子重視的教學內容。《論語》中對此有所反映：

子所雅言，《詩》、《書》、執禮，皆雅言也。〔註156〕

或謂孔子曰：「子奚不爲政？」子曰：「《書》云：『孝乎惟孝，友於兄弟，施於有政。』是亦爲政，奚其爲爲政？」〔註157〕

子張曰：「《書》云，『高宗諒陰，三年不言。』何謂也？」子曰：「何必高宗，古之人皆然。君薨，百官總己以聽於冢宰，三年。」〔註158〕

既以其爲教材，「備課」過程中必行整理。

2、孔子既曾西觀書於周室，就有機會看到三代的檔案典籍，因而有可能

〔註150〕《論語·雍也》。

〔註151〕陳夢家：《尚書通論》，第 36 頁，中華書局，1985 年。

〔註152〕《尚書》僞孔傳。

〔註153〕《荀子·勸學》。

〔註154〕陳夢家：《尚書通論》「重版自序」，中華書局，1985 年。

〔註155〕《史記》卷 13《三代世表》：「孔子因史文次春秋，紀元年，正時日月，蓋其詳哉。至於序尚書則略，無年月；或頗有，然多闕，不可錄」；卷 47《孔子世家》：「追迹三代之禮，序書傳，上紀唐虞之際，下至秦繆，編次其事」。《漢書》卷 30《藝文志》：「《書》之所起遠矣，至孔子纂焉，上斷於堯，下訖於秦，凡百篇，而爲之序，言其作意」；卷 88《儒林傳》：「（孔子）於是敘《書》則斷《堯典》」。

〔註156〕《論語·述而》。

〔註157〕《論語·爲政》。

〔註158〕《論語·憲問》。

對當時已成之《書》行「芟夷煩亂，翦截浮辭」〔註159〕之舉。

　　禮是古代社會等級制度的反映。它源於原始宗教，並逐漸走向人文。到了周代，禮已是爲政之大經，所謂「禮，經國家，定社稷，序人民，利後嗣者也」〔註160〕；「禮，天之經也，地之義也，民之行也」〔註161〕；「禮，國之幹也」〔註162〕；「禮，身之幹也」〔註163〕、「人之幹也」〔註164〕。正是由於「政以禮成」〔註165〕，禮書有可能是我國最早成書的文獻。《左傳‧文公十八年》中記魯太史克的話說：

> 先大夫臧文仲教行父事君之禮，行父奉以周旋，弗敢失隊。曰：『見有禮於其君者，事之如孝子之養父母也。見無禮於其君者，誅之如鷹鸇之逐鳥雀也。』先君周公制《周禮》曰：『則以觀德，德以處事，事以度功，功以食民。

《左傳‧哀公三年》也說：

> 夏五月辛卯，司鐸火。火逾公宮，桓、僖災。救火者皆曰：「顧府。」……子服景伯至，命宰人出禮書，以待命。

可見春秋時期禮書已編定流傳。但沒有證據表明這裡的《周禮》、禮書與後來的「三禮」有關，它們應該是當時禮儀制度的彙編。「禮崩」之後，禮書亦應隨之散亂。孔子言《詩》、《書》、禮，其中的「禮」並非《禮》書——司馬遷曾說「禮固自孔子時，而其經不具」〔註166〕。孔子非常重禮，他把禮看成了實現天下歸仁的重要措施，因此他以禮行教，四處訪求前代之禮並爲之尋找「文」、「獻」依據〔註167〕。在《論語》之中，有 40 章講禮，78 處提到禮，可見禮在孔子心目中的位置。在孔子的努力下，古禮得到了部分重建。如《禮記‧雜記下》記載：「恤由之喪，哀公使孺悲之孔子學士喪禮，《士喪禮》於

〔註159〕《尚書》僞孔傳。
〔註160〕《左傳‧隱公十一年》。
〔註161〕《左傳‧昭公二十五年》。
〔註162〕《左傳‧襄公三十年》。
〔註163〕《左傳‧成公十三年》。
〔註164〕《左傳‧昭公七年》。
〔註165〕《左傳‧成公十二年》。
〔註166〕《史記》卷 121《儒林列傳》。
〔註167〕《左傳‧昭公十七年》：「仲尼……見於郯子而學之」。《論語‧八佾》：「子入太廟，每事問」。《史記》卷 47《孔子世家》：「孔子問禮於老聃」、「孔子去曹適宋，與弟子習禮於大樹之下」。

是書。」鑑於孔子的博學和對禮的關注，以及《論語》中對《禮記·昏義》所提到的「禮之大體」（冠、昏、喪、祭、朝、聘、射、鄉）都有涉及，可以推知他所編定的禮書應不止此。邵懿辰關於《儀禮》十七篇中《士喪禮》之外其餘各篇「亦出於孔子」〔註168〕的推斷較爲合理。這一推斷還在一定程度上得到了考古學的證明——其一，《士喪禮》、《既夕禮》中所記的隨葬制度與戰國初期墓葬中的實際情況基本吻合，說明它們的成書不應晚於戰國初期〔註169〕，而這個時期「離孔子生世甚近，禮制不會發生多大變化」〔註170〕，可見它們的成書的確與孔子有關；其二，郭店楚簡〔註171〕中的《緇衣》篇內多引《尹吉（告、誥）》、《君臣》、《太甲》、《兌（說）命》、《君雅（牙）》等古佚書，研究者已指其爲戰國文獻〔註172〕。孔子作爲「獻」，其關於禮的言傳身教後來畢集於《禮記》，《經典釋文·敍錄》所謂「孔子門徒共撰所聞以爲此記」，因此孔子整理過禮的說法可以坐實。

　　詩書禮樂往往並舉，這很好地說明了四者的關係。孔子既然整編過詩、書與禮，必然也對樂有所涉及。惜《樂經》早佚，漢代學者已經難以理清其中的頭緒。但是從現有文獻中，大致可以對孔子與樂的關係作些推測。首先，孔子對樂非常喜愛，如他在齊國聽過傳說中的舜樂《韶》之後，陶醉其中竟至「三月不知肉味」〔註173〕。其次，孔子對樂非常看重，他說「興於詩，立於禮，成於樂」〔註174〕，又說「樂者，象成者也」〔註175〕。再次，孔子對樂十分精通，他甚至指點過專業人士魯大師，說「樂其可知也。始作翕如也、從之純如也、皦如也、繹如也，已成」〔註176〕。末次，孔子對學生實施樂教具體的教育內容，集中於《禮記·樂記》，而後來《樂記》中的許多內容、詞

〔註168〕邵懿辰：《禮經通論》，續修四庫全書本，上海古籍出版社。
〔註169〕陳公柔：《士喪禮、既夕禮中所記載的喪葬制度》，《考古學報》1956 年第 4 期。
〔註170〕孫欽善：《中國古文獻學史》（上），第 15 頁，中華書局，1994 年。
〔註171〕荊門市博物館：《郭店楚墓竹簡》，文物出版社，1998 年。
〔註172〕陳大來：《郭店簡可稱「荊門禮記」》，《人民政協報》1998 年 8 月 3 日。李學勤：《郭店簡與儒家經籍》，《重寫學術史》，第 117 頁，河北教育出版社，2002 年；《郭店簡與〈禮記〉》，《重寫學術史》，第 176 頁。
〔註173〕《論語·述而》。
〔註174〕《論語·泰伯》。
〔註175〕《禮記·樂記》。
〔註176〕《論語·八佾》。

語已見於郭店戰國楚簡中的《性自命出》〔註177〕。據此，孔子整理過樂亦屬無疑。

孔子與《易》的關係較爲複雜。作爲占筮記錄，《易》的出現很早。根據其中不見康王及其以後事件、內容文辭與《詩》、《書》中屬於周初的篇章相當等理由，可以斷定它的成書大致在成康之際〔註178〕，跟孔子無甚關係。關於孔子作《易傳》的說法，亦因言之無據很早就遭到懷疑，《三國志・魏書》中記載了這樣一件趣事：

> 帝（指高貴鄉公曹髦）幸太學……問曰：「孔子作彖、象，鄭玄作注，雖聖賢不同，其所釋經義一也。今彖、象不與經文相連，而注連之，何也？」俊（指易博士淳于俊）對曰：「鄭玄合彖、象於經者，欲使學者尋省易了也。」帝曰：「若鄭玄合之，於學誠便，則孔子曷爲不合以了學者乎？」俊對曰：「孔子恐其與文王相亂，是以不合，此聖人以不合爲謙。」帝曰：「若聖人以不合爲謙，則鄭玄何獨不謙邪？」
> 俊對曰：「古義弘深，聖問奧遠，非臣所能詳盡。」

隨便一個問題，就令以易傳爲孔子所作的易博士理屈詞窮，可見此說的淺無根基。後世學者對此也多存懷疑，宋代始已有人直指其妄〔註179〕，清代姚際恒、崔述也持異議。儘管如此，孔子和《易》還是有一定的關係。《論語・述而》中的「子曰『加我數年，五十以學《易》，可以無大過矣』」〔註180〕和《史記・孔子世家》的孔子「讀《易》，韋編三絕」只是說明了孔子對待《易》的重視程度和認眞態度。馬王堆帛書中的《二三子問》和《要》卻是對孔門師生討論《易》的記錄。如《要》中說〔註181〕：

> 夫子老而好《易》，居則在席，行則在囊。子贛曰：「夫子它日教此
> 弟子曰：『德行亡者，神靈之趨；智謀遠者，卜筮之繁。』賜以此爲

〔註177〕李學勤：《郭店簡與〈樂記〉》，《重寫學術史》，第260～266頁，河北教育出版社，2002年。

〔註178〕方克：《中國辯證法思想史》，第45～50頁，人民出版社，1985年。

〔註179〕宋・陳振孫《直齋書錄解題》中錄趙汝談《南塘易說》三卷，「專辨十翼非夫子作」。

〔註180〕唐・陸德明《經典釋文・敘錄》中說「《魯》讀『易』爲『亦』」，如此這句話則意爲「加我數年，五十以學，亦可以無大過矣。」但這與《論語・爲政》記孔子自言「吾十有五志於學」相去太遠，反之「五十以學《易》」與《爲政》中「五十而知天命」相互呼應。故此讀不從《魯論》。

〔註181〕馬王堆漢墓帛書整理小組：《馬王堆漢墓帛書・要》，文物出版社，1976年。

然也。以此言取之，賜緡行之爲也。夫子何以老而好之？夫子曰：
「……故《易》剛者使知瞿（懼），柔者使知剛，愚人爲而不忘（妄），
■（漸）人爲而去詐。文王仁，不得其志以成其慮。紂乃無道，文
王作。諱而闢（避）疚，然後《易》始興也。……」子贛曰：「夫子
亦信其筮乎？」子曰：「吾百占而七十當……亦必從其多者而已矣。」
子曰：「《易》，我後其祝卜矣，我觀德義耳也。幽贊而達乎數，明數
而達乎德，又仁〔守〕者而義行之耳。贊而不達於數，則其爲之巫，
數而不達於德，則其爲之史。史巫之筮，鄉之而未也，好之而非也。
後世之士疑丘者，或以《易》乎？吾求其德而已，吾與史巫同塗而
殊歸者也。……」

可見孔子晚年確實在學習研究《易》方面達到了很高的造詣。他以自己的領
悟（「觀其德義」）教育弟子，並留下了大量思想言論。其中「後世之士疑丘
者或以《易》」的說法，令人想起「後世罪我者以《春秋》」〔註182〕，似乎暗
示了他本人對《易》還有所著述〔註183〕。這些思想言論或者著述必然對《易
經》文本的流傳整理產生重大影響。

如前文所述，「春秋」原本是戰國以前各諸侯國國史的通稱。「教之《春
秋》」〔註184〕、「習於《春秋》」〔註185〕等說法早見；周燕宋齊有《春秋》也
爲時人所知〔註186〕。當時的《春秋》還有別稱，所謂「晉之《乘》，楚之《檮
杌》，魯之《春秋》，一也」〔註187〕。可見早期「春秋」的普及。大約從孟子
時起，「春秋」這個名詞與孔子之間產生了某種神聖的聯繫。《孟子·滕文公
下》說：

世衰道微，邪說暴行有作，臣弒其君者有之，子弒其父者有之。孔
子懼，作《春秋》。《春秋》，天子之事也；是故孔子曰：「知我者其
惟《春秋》乎！罪我者其惟《春秋》乎！」……孔子成《春秋》而
亂臣賊子懼。

《離婁下》又說：

〔註182〕《孟子·滕文公下》。
〔註183〕李學勤：《論新出簡帛與學術研究》，《傳統文化與現代化》1993年第1期。
〔註184〕《國語·楚語上》。
〔註185〕《國語·晉語》。
〔註186〕《墨子·明鬼》。
〔註187〕《孟子·離婁下》。

王者之迹熄而《詩》亡，《詩》亡然後《春秋》作。

這裡的《春秋》明顯專指爲孔子所作。事實上無論六經之中的《春秋》對後世儒家具有多麼重大的意義，它也不能看作是孔子的原創。從記事方法上看，它上承卜辭；從所記內容看，它以魯君言動爲綱。因此它的前身肯定是魯國史官的作品。孔子的工作，只是對本國已有國史的整理，其成果充其量是魯之《春秋》的修訂本——儘管其中存在他的筆削評斷、大義微言。

至此可以看出，先秦六經的確都經過了孔子不同程度的整理。正因此，這些原本是各家共用的古老文獻，都被打上了儒家的烙印，在漢代儒術獨尊之後，成爲文獻學家仰之彌高的經典。

儘管孔子是先秦文獻整理的大宗，但不惟孔子，周秦尚有其他學者從事文獻整理活動，包括孔門後學和其他諸子。

從《論語》中孔子對子貢與子夏精通《詩》的讚揚〔註188〕，馬王堆帛書中孔子與子貢關於《易》的討論〔註189〕，《史記》中《易》的傳授線索〔註190〕，可知七十子的確有可能也有資本對六經進行了整理。後來的孟、荀更擅此功。《史記·儒林列傳》記：

天下並爭於戰國，儒術既絀焉，然齊魯之間，學者獨不廢也。於威、宣之際，孟子、荀卿之列，咸遵夫子之業而潤色之，以學顯於當世。

孟子「治儒術之道，通五經，尤長於《詩》、《書》」〔註191〕，「《詩》《書》的編制是孟氏之儒的一項大業」〔註192〕荀子更是儒家經典的主要傳人，劉向《荀子敘錄》中稱「孫卿善爲《詩》、《禮》、《易》、《春秋》」。《荀子》一書論《詩》14次、引《詩》83次〔註193〕，是先秦成書的文獻中引《詩》論《詩》最多的；

〔註188〕《述而》：「子貢曰：『貧而無諂，富而無驕，何如？』子曰：『可也。未若貧而樂，富而好禮者也。』子貢曰：『《詩》云：「如切如磋，如琢如磨」，其斯之謂與？』子曰：『賜也，始可與言《詩》已矣。告諸往而知來者』」。《八佾》：「子夏問曰：『「巧笑倩兮，美目盼兮，素以爲絢兮」何謂也？』子曰：『繪事後素。』曰：『禮後乎？』子曰：『起予者商也，始可與言《詩》已矣』」。

〔註189〕馬王堆漢墓帛書整理小組：《馬王堆漢墓帛書·要》。

〔註190〕《史記》卷67《仲尼弟子列傳》：「孔子傳易於瞿，瞿傳楚人駻臂子弘，弘傳江東人矯子庸疵，疵傳燕人周子家豎，豎傳淳于人光子乘羽，羽傳齊人田子莊何，何傳東武人王子中同，同傳菑川人楊何。何元朔中以治《易》爲漢中大夫」。

〔註191〕趙岐：《孟子題辭》。

〔註192〕郭沫若：《十批判書·儒家八派的批判》。

〔註193〕陸曉光：《中國政教文學之起源——先秦詩說論考》，第134頁，華東師範大

大、小戴《禮記》文多與《荀子》同〔註194〕；荀子對《尚書》多有引用發揮甚至擴充〔註195〕；研究者還據考古發現認為馬王堆帛書所代表的楚地《易》與荀子易學有明顯的關係〔註196〕，帛書中的《春秋事語》頗似荀子學風〔註197〕。上述種種，說明荀子的確「尤有功於諸經」〔註198〕。甚至秦代儒生也有整理經典的行為。秦國祚短暫，沒有太多的相關資料傳世。但漢初所傳《尚書》中《秦誓》列於書末，正是對秦為繼唐、虞、周以來正統的承認，「這種情形，非到了秦統一天下的時候不能發生」〔註199〕。

　　儒家之外的諸子，同樣注重整理文獻。以墨家為例。《墨子》中所引逸詩的比重遠大於儒家，其中與今本《詩經》近似者，章句文字方面也有較大出入〔註200〕，可見當時它有自行整理的《詩》之版本。劉起釪考墨家「也在大量搜集編排《書》篇」〔註201〕，可見它有自行整理的《書》之版本。《韓非子·顯學》中「孔子、墨子俱道堯舜，而取捨不同，皆自謂真堯舜」的評論，恐怕是對二家整理文獻過程中各有立場的最好說明。

　　六經之外，各家對反映本門主要思想的文獻也進行了整理。如孔子死後，門人弟子就對各自所記的「孔子應答弟子時人及弟子相與言而接聞於夫子之語」進行彙集整理，「相與輯而論纂」而成《論語》〔註202〕。其他諸子的成書情況也大同小異。

　　各家整理文獻的目的並不在於文獻本身。孔子的目的便是實現自己的政治理想——重建周制、使「亂臣賊子懼」。《白虎通·五經》中說：

　　　　學出版社，1994 年。
〔註194〕梁啓超《要集解題及其讀法》，第 43 頁，中華書局，。
〔註195〕如劉起釪認為《荀子·大略》中所引的「湯旱而禱曰」一段文字可能係「荀卿據（《湯誓》）原文發揮寫成」。詳見劉起釪：《尚書學史》，第 33～34 頁，中華書局，1989 年。
〔註196〕李學勤：《周易經傳溯源》，第 102 頁，長春出版社，1992 年。
〔註197〕李學勤：《〈春秋事語〉與〈左傳〉的流傳》，《簡帛佚籍與學術史》，第 276～286 頁，臺灣時報文化出版企業有限公司，1994 年。
〔註198〕清·汪中：《荀卿子通論》，見清·王先謙《荀子集解·考證下》，中華書局《諸子集成》本。
〔註199〕蔣善國：《尚書綜論》，第 18 頁，上海古籍出版社，1988 年。
〔註200〕羅根澤：《由〈墨子〉引經推測儒墨兩家與經書之關係》，周勳初編：《羅根澤說諸子》，上海古籍出版社，2001 年。
〔註201〕劉起釪：《尚書源流及傳本》，第 5 頁，遼寧大學出版社，1997 年。
〔註202〕《漢書》卷 30《藝文志》。

> 孔子所以定五經者何？以爲孔子居周之末世，王道陵遲，禮樂壞廢，
> 強凌弱，眾暴寡，天子不敢誅，方伯不敢伐，閔道德之不行，故周
> 流應聘，冀行其道德。自衛返魯，自知不用，故追定五經，以行其
> 道。故孔子曰：「《書》曰『孝乎惟孝，友於兄弟，施於有政，是亦
> 爲政』也。」

漢代《樂經》已佚，故此稱五經，其中關於孔子整理經書的「爲政」目的，概括得非常精闢。當孔子知其政治主張無法推行，他被迫以退爲進。正如余英時所說，「從整個文化史的觀點看」，有時「退回」「乃是最積極的進取」，「孔子晚年返魯編定六經，便可以說明退的涵義」〔註203〕。這基本上也是當時其他整理者整理文獻的緣由與動力，所謂「救時之弊」〔註204〕。因此，這種文獻整理活動從整體上看缺乏文獻學意義上的自覺性。

三、闡釋

　　文獻負載著知識傳統，是對縱向的歷史文化的繼承；學者體現著時代精神，由社會生活各層面共同催化而成。縱橫兩重文化維度的會通，主要是通過「現代」對「傳統」的闡釋來完成。因此先秦時期社會上流傳的文獻——無論是口語傳說還是文本——都得到了當時學者們不同程度的闡釋。鑑於先秦儒家之於保存整理文獻的突出貢獻，本文還是以儒家的闡釋爲討論重心。

　　儒家的闡釋活動主要圍繞著六經展開，同時也涉及口傳的「獻」。主要有以下幾種情況：

　　1、對六經進行總體上的概括總結。例：

> 子曰：《詩》三百，一言以蔽之，曰「思無邪」〔註205〕。

> 子曰：「詩，可以興，可以觀，可以羣，可以怨。邇之事父，遠之事
> 君。多識於鳥獸草木之名。」〔註206〕

> 《書》者，政事之紀也；《詩》者，中聲之所止也；《禮》者，法之
> 大分，類之綱紀也。〔註207〕

〔註203〕余英時：《試論中國文化的重建問題》，《中國思想傳統的現代詮釋》，第62頁，江蘇人民出版社，1995年。
〔註204〕《淮南子・要略》。
〔註205〕《論語・爲政》。
〔註206〕《論語・陽貨》。
〔註207〕《荀子・勸學》。

2、對六經中的篇目進行題解性說明。例：

子曰：「《關雎》，樂而不淫，哀而不傷。」〔註208〕

【孔子】曰：詩，其猶平門歟？賤民而【　】（冤）之，其用心也將何如？曰：《邦風》是也。民之有戚患也，上下之不和者，其用心也將何如？【曰：《小夏（雅）》是也。】〔註209〕

3、訓釋詞語的字面意義。例：

孟子曰：「《書》曰：『洚水警余。』洚水者，洪水也。」〔註210〕

4、交代相關背景知識。例：

子張曰：「《書》云，『高宗諒陰，三年不言。』何謂也？」子曰：「何必高宗，古之人皆然。君薨，百官總己以聽於冢宰，三年。」〔註211〕

萬章問曰：「《詩》云：『娶妻如之何？必告父母。』信斯言也，宜莫如舜。舜之不告而娶，何也？」孟子曰：「告則不得娶。男女居室，人之大倫也。如告，則廢人之大倫，以懟父母，是以不告也。」〔註212〕

5、補充史料。例：

孟子曰：「湯居亳，與葛為鄰，葛伯放而不祀。湯使人問之曰：『何為不祀？』曰：『無以供犧牲也。』湯使遺之牛羊。葛伯食之，又不以祀。湯又使人問之曰：『何為不祀？』曰：『無以供粢盛也。』湯使亳眾往為之耕，老弱饋食。葛伯率其民，要其有酒食黍稻者奪之，不授者殺之。有童子以黍肉餉，殺而奪之。《書》曰：『葛伯仇餉。』此之謂也。」〔註213〕

6、借題發揮，另有所指。例：

子貢曰：「貧而無諂，富而無驕，何如？」子曰：「可也。未若貧而樂，富而好禮者也。」子貢曰：「《詩》云：『如切如磋，如琢如磨』，其斯之謂與？」子曰：「賜也，始可與言《詩》已矣。告諸往而知來者。」〔註214〕

〔註208〕《論語‧八佾》。
〔註209〕《孔子詩論》，第4號簡，《上海博物館藏戰國楚竹書（一）》。
〔註210〕《孟子‧滕文公下》。
〔註211〕《論語‧憲問》。
〔註212〕《孟子‧萬章上》。
〔註213〕《孟子‧滕文公下》。
〔註214〕《論語‧學而》。

子夏問曰：「『巧笑倩兮，美目盼兮，素以爲絢兮』何謂也？」子曰：「繪事後素。」曰：「禮後乎？」子曰：「起予者商也，始可與言《詩》已矣。」〔註215〕

7、斷章取義。例：

故君子不傲，不隱，不瞽，謹順其身。《詩》云：「匪交匪舒，天子所予」，此之謂也。〔註216〕

8、曲解附會。例：

（魯）哀公問於孔子曰：「吾聞夔一足，信乎？」曰：「夔，人也，何故一足？彼其無他異，而獨通於聲。堯曰：『夔一而足矣。』使爲樂正。故君子曰：『夔有一，足』，非一足也。」〔註217〕

宰我問於孔子曰：「昔者聞諸榮伊，言黃帝三百年。請問黃帝者人邪，抑非人邪？何以至於三百年乎？」孔子曰：「予！禹湯文武成王可勝觀邪，夫黃帝尚矣，女何以爲先生難言之？」宰我曰：「上世之傳，隱微之說，卒業之辯，暗忽之意，非君子之道也？則予之問也固矣。」孔子曰：「黃帝，少典之子也，曰軒轅。生而神靈，弱而能言，幼而慧齊，長而敦敏，成而聰明。治五氣，設五量，撫萬民，度四方。教熊羆貔貅貙虎，以與赤帝戰於阪泉之野。三戰，然後得其志。黃帝黼黻衣，大帶，黼裳，乘龍扆雲，以順天地之紀，幽明之故，死生之說，存亡之難。時播百穀草木，淳化鳥獸昆蟲，歷離日月星辰，極畋土石金玉。勤其心力耳目，節用水火材物。生而民得其利百年，死而民畏其神百年，亡而民用其教百年，故曰三百年。」〔註218〕

通過對以上材料的分析可以看出，此期儒家對文獻的闡釋活動中，於文字名

〔註215〕《論語·八佾》。
〔註216〕《荀子·勸學》。詩句見《詩經·小雅·采菽》，原意形容君子接受天子賞賜時的表現，此處荀子用以證明慎教。
〔註217〕《韓非子·外儲說左下》。事實上夔原是傳說中的獸名，《山海經·大荒東經》及《莊子·秋水》中都有關於一足獸夔的記載，孔子以其荒誕而斷章取義。
〔註218〕《大戴禮記·五帝德》，第35頁，四部叢刊初編縮本，商務印書館，1937年。黃帝是史前部落聯盟首長的通稱，並非指一個個體。宰我此問，是因其對傳聞中的黃帝過於長壽而對黃帝是否人屬產生懷疑，孔子卻偷換概念答疑解惑，既謳歌先賢，又自圓其說。

物的訓詁較少用力而偏重於個體思想的自由發揮。正如有些研究者所總結的，《荀子》28 次說解詩意，「用正義者少，用旁義、斷章取義者多」〔註219〕。

除了上述形式鬆散的闡釋之外，先秦儒家還出現了系統的闡釋成果，主要指《春秋》之傳。《漢書·藝文志》中記載漢以前《春秋》已有五傳。其實尚不止此，只不過「有些《春秋》傳流傳了下來，並得到了政府的認可，在史冊上記載下來；有的《春秋》傳只是在民間口說流行，並逐漸失傳」〔註220〕。由於《春秋》三傳在漢代成為文獻學的重鎮，本文將在下文討論。

類似於儒家釋經的做法還見於其他諸子。這裡以韓非子為例。韓非在《解老》中說：

> 禮為情貌者也，文為質飾者也。夫君子取情而去貌，好質而惡飾。夫恃貌而論情者，其情惡也；須飾而論質者，其質衰也。何以論之？和氏之璧，不飾以五采；隋侯之珠，不飾以銀黃。其質至美，物不足以飾之。夫物之待飾而後行者，其質不美也。是以父子之間，其禮樸而不明，故曰：「禮薄也。」凡物不並盛，陰陽是也；理相奪予，威德是也；實厚者貌薄，父子之禮是也。由是觀之，禮繁者，實心衰也。然則為禮者，事通人之樸心者也。眾人之為禮也，人應則輕歡，不應則責怨。今為禮者事通人之樸心，而資之以相責之分，能毋爭乎？有爭則亂，故曰：「夫禮者，忠信之薄也，而亂之首乎。」

在《喻老》中說：

> 王壽負書而行，見徐馮於周。馮曰：「事者，為也；為生於時，知者無常事。書者，言也；言生於知，知者不藏書。今子何獨負之而行？」於是王壽因焚書而儛之。故知者不以言談教，而慧者不以藏書篋。此世之所過也，而王壽復之，是學不學也。故曰：「學不學，復歸眾人之所過也。」

其實前者把「禮者，忠信之薄」解釋成了「忠信者，禮之薄」〔註221〕；後者「不學」原「無為之學」的意思則被髮揮成了「負載傳統知識的文獻」。從文獻學的角度看，這同樣是一種缺乏理性的闡釋行為。

〔註219〕廖名春：《中國學術史新證》，第 513～515 頁，四川大學出版社，2005 年。
〔註220〕浦衛忠：《〈春秋〉與三傳》，姜廣輝主編：《中國經學思想史》，第一卷，第549 頁，中國社會科學出版社，2003 年。
〔註221〕參見張富祥：《韓非子解讀》，第 197 頁，泰山出版社，2004 年。

四、分類與結集

「類」的觀念出現得很早。應用到文獻，大概是在西周初年。據《周禮》中「大史掌建邦之六典……掌法……掌則，小史掌邦國之志，內史掌王之八枋之法……掌敘事之法……外史……掌四方之志，掌三皇五帝之書……御史掌邦國、都鄙及萬民之治令……掌贊書……」，《禮記》中「天子建天官，先六大……典司六典」等記載，周王室在分類序官的同時，也區別了各類文獻。當然這種分類談不上合理科學。至遲在孔子時，產生了學術分類的自覺——孔子以六藝教，孔門教科書儼然分爲六門，故姚明達言「學術之分類，蓋始自孔丘」〔註222〕。到莊子時，宏觀的學術分類已經出現。

現存關於先秦學術最早最系統的文獻是《莊子·天下篇》。在這篇中國學術史的開山之作中，作者以深邃的目光仔細審視了中國古代學術「先聖以來至於己」的淵源〔註223〕。《天下》將「百家之學」分爲鄒魯之士，墨翟、禽滑釐、相里勤、苦獲己齒、鄧陵子之屬，宋鈃、尹文，彭蒙、田駢、愼到，關尹、老聃，莊周，惠施、桓團、公孫龍共七派，同時各述其要旨，評其得失。以墨爲例，《天下》中說：

> 不侈於後世，不靡於萬物，不暉於數度，以繩墨自矯而備世之急，古之道術有在於是者。墨翟、禽滑釐聞其風而說之。爲之大過，已之大循。作爲《非樂》，命之曰《節用》；生不歌，死無服。墨子氾愛，兼利而非鬥，其道不怒；又好學而博，不異，不與先王同，毀古之禮樂……其生也勤，其死也薄，其道大觳；使人憂，使人悲，其行難爲也，恐其不可以爲聖人之道，反天下之心，天下不堪。……使後世之墨者，多以裘褐爲衣，以跂蹻爲服，日夜不休，以自苦爲極，曰：「不能如此，非禹之道也，不足謂墨。」相里勤之弟子，五侯之徒，南方之墨者，苦獲、已齒、鄧陵子之屬，俱誦《墨經》，而倍譎不同，相謂「別墨」……墨翟、禽滑釐之意則是，其行則非也。將使後世之墨者，必自苦以腓無胈、脛無毛，相進而已矣。亂之上也，治之下也。雖然，墨子眞天下之好也，將求之不得也，雖枯槁不舍也。才士也夫！

〔註222〕姚明達著，嚴佐之導讀：《中國目錄學史》，第5頁，上海古籍出版社，2002年。

〔註223〕清·王夫之著，王孝魚點校：《莊子解》，中華書局，1964年。

文字不過數百，卻清楚地介紹了這個學派的思想特徵、淵源流裔、代表人物、主要著作，並予以客觀的評價。所謂「辨析微芒，最爲精到」〔註224〕。即便以現代學術史的眼光看，也堪稱縝密。那麼有一個問題我們必須注意：《天下》對學術的這種科學分類究竟以什麼爲依據？由於時空遼遠，《天下》的作者不可能與各門派的學者一一交談，向他們提出問題並獲取答案。瞭解其學術詳情的唯一合乎情理的途徑，就是瞭解並分析相關的文獻。也就是說，《天下》的作者只能通過對作爲各種學派學術思想載體的文獻進行分析研究，才能掌握各家的內涵，從而找到它們之間的界線。因此他的目的是辨章學術，落腳點卻是區分文獻。應該說《天下》的文獻分類工作做得很細緻。其中在論及「鄒魯之士」時說：

> 古之人其備乎！配神明，醇天地，育萬物，和天下，澤及百姓，明於本數，係於末度，六通四辟，小大精粗，其運無乎不在。其明而在數度者，舊法世傳之史，尚多有之。其在於《詩》、《書》、《禮》、《樂》者，鄒魯之士搢紳先生多能明之。《詩》以道志，《書》以道事，《禮》以道行，《樂》以道和，《易》以道陰陽，《春秋》以道名分。其數散於天下而設於中國者，百家之學時或稱而道之。

不僅以《詩》、《書》、《禮》、《樂》之類爲其學派的重要文獻，還進一步分析了這些文獻各自的特點——大類之下小類猶見。

《天下》的學術分類方法無疑對後來學者產生了重要影響。其後《荀子》分百家爲六派〔註225〕，《孟子》言學術「逃墨必歸於楊，逃楊必歸於墨」〔註226〕，《韓非子》以「儒墨」爲天下顯學並述「儒分爲八，墨離爲三」〔註227〕，無不以文獻爲其據。先秦這種缺乏文獻學自覺的文獻分類活動，客觀上起到了辨章別考源流的作用，因而成爲漢代目錄學的學術先導。

周秦時期有無文獻編纂？對於這個問題很難作出回答，因爲大量先秦舊藉不傳，傳下來的也留有太多漢人印記。但其時已有文獻結集工作當屬不疑。這裡的結集，是指將零散篇章集爲一體，以便保存、傳習。

結集活動很早就展開了，六經、諸子都是這一工作的成果，甚至一些專

〔註224〕姚明達著，嚴佐之導讀：《中國目錄學史》，第51頁，上海古籍出版社，2002年。
〔註225〕《荀子·非十二子》。
〔註226〕《孟子·盡心下》。
〔註227〕《韓非子·顯學》。

科資料也得以結集，如《爾雅》與《八體六技》〔註228〕。但是關於秦代《呂氏春秋》的成書有些問題值得注意。

《呂氏春秋》是現知我國以統一思想爲主要特徵的第一部文獻，因而被稱爲「秦漢思想的序曲」〔註229〕，可見其在思想史上的重要地位。關於這部書的研究成果很多，但對它屬於編纂還是結集，研究者們少有論及。從每每稱呂不韋爲「主編」來看，可能以其爲編纂者居多。其實關於《呂氏春秋》的成書過程，《史記》本傳裏有清晰的記載〔註230〕：

> 莊襄王即位三年，薨，太子政立爲王，尊呂不韋爲相國，號稱「仲父」……當是時，魏有信陵君，楚有春申君，趙有平原君，齊有孟嘗君，皆下士喜賓客以相傾。呂不韋以秦之彊，羞不如，亦招致士，厚遇之，至食客三千人。是時諸侯多辯士，如荀卿之徒，著書布天下。呂不韋乃使其客人人著所聞，集論以爲八覽、六論、十二紀，二十餘萬言。以爲備天地萬物古今之事，號曰《呂氏春秋》。

從中不難看出，呂不韋所作的工作，只是「招致士，厚遇之」，「使其客人人著所聞」並對這些著述進行彙集，即「集智略之士而造春秋」〔註231〕。因此「《呂氏春秋》的方法不是對各家在更高的水平上加以綜合，而是用一種拼湊式的方法加以綜合」〔註232〕。儘管它對於秦漢政治思想產生了巨大影響，這種影響也波及整個秦漢時代的學術〔註233〕，但從文獻學的視角看去，它仍然是對文獻的結集。

〔註228〕《漢書·藝文志》小學類中著錄有《八體六技》一書，但長期以來，人們對此書的瞭解僅限於書名。本文作者曾通過對傳世文獻與考古文獻的梳理，得出結論認爲：《八體六技》是成書於先秦時期的一部早期字書，主要內容是當時通行的漢字書寫方式和所知漢字構造方式的的彙編；《八體六技》至遲在王莽時已佚。詳見陳一梅：《〈八體六技〉考》，《碑林集刊》，2005年12月。

〔註229〕周桂鈿：《秦漢思想史》，第16頁，河北人民出版社，2000年。

〔註230〕《史記》卷85《呂不韋列傳》。

〔註231〕《漢書》卷36《楚元王傳》。

〔註232〕馮友蘭：《中國哲學史新編》，第二冊，第469頁，人民出版社，1984年。

〔註233〕徐復觀在《〈呂氏春秋〉及其對漢代學術與政治的影響》一文中說：「但兩漢人士，許多是在《呂氏春秋》影響下來把握經學；把《呂氏春秋》對政治所發生的巨大影響，即視爲經學所發生的影響；離開了《呂氏春秋》，即不能瞭解漢代學術的特徵」，見徐復觀：《兩漢思想史》，第二卷，華東師範大學出版社，2001年。

第四節　文獻觀和方法論

　　隨著文獻的形成發展及效用發揮，人們對其性質功能的認識由感性而至理性，文獻觀逐漸形成。同時，周秦學者在一系列政治學術活動中產生的某些思想理論，對其時的文獻活動具有指導意義並爲漢代文獻學思想的形成奠定了理論基礎。

一、文獻觀

　　周秦時期文獻觀中主要包括以下內容：

1、權威觀

　　文字出現時「天雨粟，鬼夜哭」〔註234〕，文獻出現於龍馱龜負〔註235〕；倉頡四目靈光〔註236〕，伏羲作卦垂象〔註237〕……這些傳說雖然荒誕，但神秘之中有神聖，它反映了早期人們關於文獻源自天賜神授的固執想像以及對於文獻的敬畏和尊重。這種尊敬心理反映在當時社會生活的很多方面。例如「夏后氏養國老於東序，養庶老於西序」、「天子五年一巡守……問百年者就見之」〔註238〕，「王前巫而後史，卜筮瞽侑，皆在左右」〔註239〕——這是敬「獻」；「典」字在甲骨文中作雙手或單手捧冊狀〔註240〕、在金文中作冊在「丌」上〔註241〕（《說文解字》釋爲「從冊在丌上，尊閣之也」），「大宰之職，掌建邦之六典」〔註242〕，「龜策敝則埋之」〔註243〕——這是尊「文」。文獻的權威性正是產生在這種基礎之上。

　　權威性首先體現在時人行爲多取正取則於文獻。例如當夏桀無道，史官終古「出其圖法，執而泣之」——企圖以「圖法」規正暴君的行爲〔註244〕；當商之遺民違規，周公訓之以「惟爾知！惟殷先人有典有冊，殷革夏命」—

〔註234〕《淮南子・本經訓》。
〔註235〕《周易・繫辭上》。
〔註236〕《論衡・骨相》。
〔註237〕《說文解字・敍》。
〔註238〕《禮記・王制》。
〔註239〕《禮記・禮運》。
〔註240〕《殷契拾萃》四五〇。《殷契釋編》七八四。
〔註241〕《召伯虎敦》。
〔註242〕《周禮・天官》。
〔註243〕《禮記・曲禮》，鄭玄注「不欲人褻之也」。
〔註244〕《呂氏春秋・先識覽》。

一企圖以「典」「冊」端正刁民的行為〔註245〕；至於國君「臨事有瞽史之導，宴居有師工之誦」〔註246〕，大臣「大約劑書於宗彝，小約劑書於丹圖」〔註247〕，都是企圖以賢言鼎銘竹帛對自己的行為進行約束。文獻由此而成為人們行為規範的檢驗標準。《左傳》記載晉楚城濮之戰前遴選元帥時，趙衰極力推薦郤縠，理由就是後者「說禮樂而敦《詩》、《書》」〔註248〕。

權威性還體現在人們習慣於從文獻中尋找行為依據。追「先王之陳迹」〔註249〕也好，「法先王」〔註250〕也罷，依據的都是文獻。《荀子·儒效》說「《詩》言是其志也，《書》言是其事也，《禮》言是其行也，《樂》言是其和也，《春秋》言是其微也」〔註251〕，《易》更具「剛者使知瞿（懼），柔者使知剛，愚人為而不忘（妄），■（漸）人為而去詐」〔註252〕之功，因而六經尤其成為依據的根本。周秦文獻中多見對六經的引用，以《詩》為例，《荀子》引《詩》83次〔註253〕，成書於西漢的戰國策士文編《戰國策》中也引《詩》10次〔註254〕。有學者認為先秦時代可稱為「『詩云』時代」〔註255〕。其實何止《詩》，據劉起釪統計，對於《尚書》，《國語》引28次，《左傳》引86次，《墨子》引47次，《孟子》引38次，《荀子》引22次，《呂氏春秋》引14次，等等〔註256〕。這是一個真正的「引據大義，正之經典」〔註257〕的時代。需要注意的是，在引經據典的時代風尚影響下，甚而至於出現對經典亂加引用的情況。如《左傳·襄公十四年》載：

> 衛獻公戒孫文子、寧惠子食，皆服而朝。日旰不召，而射鴻於囿。

〔註245〕《尚書·多士》。
〔註246〕《國語·楚語上》。
〔註247〕《周禮·秋官·司約》。
〔註248〕《左傳·僖公二十七年》。
〔註249〕《莊子·天運》。
〔註250〕《荀子·非十二子》。
〔註251〕《荀子·儒效》。
〔註252〕馬王堆漢墓帛書整理小組：《馬王堆漢墓帛書·要》，文物出版社，1976年。
〔註253〕陸曉光：《中國政教文學之起源——先秦詩說論考》，第134頁，華東師範大學出版社，1994年。
〔註254〕馬銀琴：《戰國時代〈詩〉的傳播與特點》，《文學遺產》2006年第3期。
〔註255〕張海晏：《『詩云』時代：先秦詩學》，姜廣輝主編：《中國經學思想史》，第449頁，中國社會科學出版社，2003年。
〔註256〕劉起釪：《尚書源流及傳本》，第7～8頁，遼寧大學出版社，1997年。
〔註257〕「引據大義，正之經典」語出《後漢書》卷62《荀爽傳》。

二子從之，不釋皮冠而與之言。二子怒。孫文子如戚，孫蒯入使。

公飲之酒，使大師歌《巧言》之卒章。大師辭，師曹請爲之。初，

公有嬖妾，使師曹誨之琴，師曹鞭之。公怒，鞭師曹三百。故師曹

欲歌之，以怒孫子以報公。公使歌之，遂誦之。

《巧言》是《詩經‧小雅》中的詩篇，詩之主題，是「傷奸臣蔽主以爲亂者
也」〔註258〕，《詩序》曾言：「《巧言》，刺幽王也。大夫傷於讒，故作是詩也。」
師曹心懷鬼胎，這種引據降低了《詩》的莊嚴性，但同時也從一個側面反映
了經典的權威分量。

2、傳承觀

先秦時期人們對文獻的上承下傳作用有著深刻的認識。《左傳‧哀公三年》
中就記載了這樣一件事情〔註259〕：

夏五月辛卯，司鐸火。火踰公宮，桓、僖災。救火者皆曰：「顧府。」

南宮敬叔至，命周人出御書，俟於宮，曰：「庀女而不在，死。」子

服景伯至，命宰人出禮書，以待命：「命不共，有常刑。」……季桓

子至……命藏《象魏》，曰：「舊章不可亡也。」

公宮重地，可寶甚多。但火災發生時有識者竭力搶救的重點卻是各類文獻，
究其原因，正是認識到「舊章不可亡」。其他如《周易‧繫辭上》所謂「神以
知來，知以藏往」〔註260〕，《墨子‧非命下》所謂「上本之於古者聖王之事」
〔註261〕，《論語‧述而》所謂「述而不作」〔註262〕，其中的「藏往」、「上本」、
「述」都可以理解爲對文獻之承。而從「夫鼎有銘。銘者自名也，自名矣稱
揚其先祖之美，而明著之後世者」〔註263〕、曹劌所諫「書而不法，後嗣何觀」
〔註264〕以及孔子自歎「君子病沒世而名不稱」並爲自見後世而「因史記作春
秋」〔註265〕，都可見具體的文獻之傳。

〔註258〕《説苑‧政理》。向宗魯：《説苑校正》，中華書局，2000 年。下引《説苑》
　　　　版本同。

〔註259〕《左傳‧哀公三年》。

〔註260〕《周易‧繫辭上》。

〔註261〕《墨子‧非命下》。

〔註262〕《論語‧述而》。

〔註263〕《禮記‧祭統》。

〔註264〕《左傳‧成公二十三年》。

〔註265〕《史記》卷 47《孔子世家》。

傳承性凸顯了文獻的價值和作用。孔子回答學生前代制度是否可知時說〔註266〕：

> 殷因於夏禮，所損益，可知也；周因於殷禮，所損益，可知也。其
> 或繼周者，雖百世，可知也。

魯國大臣叔孫豹向范宣子解釋「死而不朽」時說〔註267〕：

> 大上有立德，其次有立功，其次有立言，雖久不廢，此之謂不朽。

可見只要有文獻，知識與聲名能夠上溯百代、下流萬年。

但這種文獻觀也造成了文獻傳承的矛盾性。一個典型的事例見於《左傳·襄公二十五年》：

> （崔杼弒其君光後）大史書曰：「崔杼弒其君。」崔子殺之。其弟嗣
> 書而死者，二人。其弟又書，乃舍之。南史氏聞大史盡死，執簡以
> 往。聞既書矣，乃還。

崔杼屢殺史官，是怕「傳」；史官前赴後繼冒死直書，是爲「傳」。強權淫威之下如何傳承內容眞實的文獻？這成爲歷代文獻學家無法迴避的問題。

3、資治觀

文獻對於統治者的資治作用主要體現在增加歷史經驗、傳遞民眾心聲以及提供治國方案等方面。

資治過程中，史官和歷史文獻的作用非常明顯。這無疑與史書記言行法式密切相關。夏商史官所執「圖法」的意義前文已多次提及，雖然據史籍記載看它們並未對兩代季世產生什麼具體作用，但周武王卻受之而「大說」。周制「史掌官書以贊治」〔註268〕，周公告誡康叔「必求殷之賢人君子長者，問先殷所以興，所以亡」〔註269〕，等等，都反映了周統治者對史之爲鑒的認知程度。

但承載歷史的不僅僅是狹義上的史書。前代學者早已證得「六經皆史」〔註270〕、「五經者，周史之大宗……諸子也者，周史之小宗」〔註271〕。因此文獻

〔註266〕《論語·爲政》。

〔註267〕《左傳·襄公二十四年》。

〔註268〕《周禮·天官冢宰》。

〔註269〕《史記》卷37《魏康叔世家》。

〔註270〕清·章學誠：《文史通義》卷1《易教》，中華書局，1985年。

〔註271〕清·龔自珍：《古史鈎沈論二》，《龔自珍全集》，第2頁。上海人民出版社，1975年。

從整體上說都可以提供治道。古之王者通過采詩「觀民風，知得失，自考正」，是以詩資治；「顏淵問爲邦。子曰：『行夏之時，乘殷之時，乘殷之輅，服周之冕，樂則《韶》、《舞》。放鄭聲，遠佞人，鄭聲淫，佞人殆』」〔註272〕，是以樂資治；吳王闔閭用孫武之《十三篇》「西破強楚，北威齊晉，南服越人」〔註273〕，是以兵書資治；秦王政「見《孤憤》、《五蠹》之書，曰：『嗟乎，寡人得見此人與之遊，死不恨矣』」〔註274〕，是以法家文獻資治。至於楚王「將以書社地七百里封孔子」〔註275〕、越王「請裂故吳之地方五百里以封子墨子」〔註276〕，各國國君卑身厚幣廣延賢者，更是期冀以「獻」資治。

4、教化觀

教化是文獻與生俱來的使命。學在官府時「以吏爲師」〔註277〕；天子失官後「師儒傳之」〔註278〕——文獻教化從未間斷。

文獻教化於個人的作用主要是增加知識與修養。孔子就是推行文獻教化的巨擘。他說「君子博學於文」〔註279〕，又說「好仁不好學，其蔽也愚；好知不好學，其蔽也蕩；好信不好學，其蔽也賊；好直不好學，其蔽也絞；好勇不好學，其蔽也亂；好剛不好學，其蔽也狂」〔註280〕。這裡的文指文獻，學指學習文獻；他所要表達的意思，無疑是認眞學習文獻是成爲君子的必要條件。孔子本人以六藝教，對於六藝在教化過程中所發揮的作用，他有著深刻的體會〔註281〕：

> 孔子曰：「入其國，其教可知也。其爲人也：溫柔敦厚，《詩》教也；疏通知遠，《書》教也；廣博易良，《樂》教也；潔淨精微，《易》教也；恭儉莊敬，《禮》教也；屬辭比事，《春秋》教也。故《詩》之失，愚；《書》之失，誣；《樂》之失，奢；《易》之失，賊；《禮》

〔註272〕《論語・衛靈公》。
〔註273〕《史記》卷66《伍子胥列傳》。
〔註274〕《史記》卷63《老子韓非列傳》。
〔註275〕《史記》卷47《孔子世家》。
〔註276〕《墨子・魯問》。
〔註277〕清・章學誠：《文史通義・史釋》：「三代盛時，無不以吏爲師，周官三百六十，天下之學備矣」，中華書局，1985年。
〔註278〕清・汪中：《述學・周官徵文》，四部備要本。
〔註279〕《論語・雍也》。
〔註280〕《論語・陽貨》。
〔註281〕《禮記・經解》。

之失，煩；《春秋》之失，亂。

在孔子看來，一個人若想「溫柔敦厚而不愚」、「疏通知遠而不誣」、「廣博易良而不奢」、「潔淨精微而不賊」、「恭儉莊敬而不煩」、「屬辭比事而不亂」，必須要經過六經的教化。因此他總是強調文獻學習。《論語・季氏》中記載了這樣一個故事：

> 陳亢問於伯魚曰：「子亦有異聞乎？」對曰：「未也。嘗獨立，鯉趨而過庭，曰：『學詩乎？』對曰：『未也。』『不學詩，無以言。』鯉退而學詩。他日又獨立，鯉趨而過庭，曰：『學禮乎？』對曰：『不學禮，無以立。』鯉退而學禮。聞斯二者。」陳亢退而喜曰：「問一得三，聞詩、聞禮，又聞君子之遠其子也。」

陳亢原本想詢問孔子是否給自己的兒子伯魚開有小竈，結果最有意義的收穫，是瞭解到經典文獻的重要。

文獻教化就國家的作用是約束民眾。孔子之所以強調「君子博學於文，約之以禮」，是因為如此「可以弗畔矣夫」。人心歸順，國自安寧。因此政府對此也大力提倡。如《禮記・樂記》說：

> 樂也者，聖人之所樂也，而可以善民心，其感人深，其移風易俗，故先王著其教焉。

《禮記・經解》說：

> 故禮之教化也微，其止邪也於未形。使人日徙善遠罪而不自知也，是以先王隆之也。易曰：「君子慎始，差若豪釐，繆以千里。」此之謂也。

被後世指為「不篤禮義」〔註282〕、「不重斯文」〔註283〕的秦代，也「設三老掌教化」〔註284〕。即便秦始皇曾焚「文」坑「獻」，但他同時秉持「以吏為師」、「以法為教」，用有利於思想統一的法家文獻教化百姓。

5、經世觀

文獻的經世作用指文獻學習者或研究者利用其學習研究成果所發揮的服務社會的作用。

〔註282〕《漢書》卷51《賈山傳》。
〔註283〕《史記》卷15《六國年表》。
〔註284〕《說苑・反質》。

「經世」一詞，現知首見於《莊子・齊物論》〔註285〕：

　　春秋經世，先王之志，聖人議而不辨。

它的意思就是指史書類文獻可用以經邦濟世。實際上，學者們以文獻經世的行為早已出現。孔子曾經這樣教育學生〔註286〕：

　　誦《詩》三百，授之以政，不達；使於四方，不能專對；雖多，亦
　　奚以為？

孔子認為，只是學習研究，卻不能付諸實用，那麼學得再多再好，又「奚以為」！可見在他看來，圍繞文獻所展開的所有活動，其目的應該是經世致用。儘管由於生不逢時，夫子的抱負難以完全施展，但他還是身體力行，大聲疾呼：「吾豈匏瓜也哉？焉能繫而不食」、「如有用我者，吾其為東周乎」〔註287〕！

　　孔子的經世觀念影響深遠。孔門弟子中多有學以致用者。以文獻特長而知名的弟子子夏更直接提出了「學而優則仕」〔註288〕的觀點，荀子也曾說過「學者非必為仕，而仕者必如學」〔註289〕。這些名言成為後世讀書人的圭臬。

　　其他諸子以文獻經世的行為也不容忽視。他們蜂出並作，各持己說取合時君世主。蘇秦尤其可稱為其中的典範——說秦失敗後歸途中的「負書擔橐」，回家受辱後的「夜發書，陳篋數十，得《太公陰符》之謀，伏而誦之，簡練以為揣摩」，都是對他鑽研文獻的寫照。數年之後他擺脫困境、揚眉吐氣，也是因為對文獻的揣摩成功〔註290〕。蘇秦的行徑或許過於功利世俗，但其致用信念卻生動地反映了時人的文獻觀。

二、方法論

　　這裡所要討論的方法論並非文獻專學的方法論，但它們對當時以及後世的文獻學起到了客觀上的指導作用，也是漢代文獻學思想的起點。

〔註285〕《說苑・反質》。
〔註286〕《論語・子路》。
〔註287〕《論語・陽貨》。
〔註288〕《論語・子張》。
〔註289〕《荀子・大略》。
〔註290〕《戰國策・秦策一》。

1、「述」中有「作」

「述而不作」似乎是孔子的一個人生信條，它最早見於《論語・述而》，原文是「述而不作，信而好古，竊比於我老彭」。句中的「老彭」，依包咸注是「好述古事」的「殷賢大夫」。孔子的本意，是表達自己對三代尤其是周代禮制的極大尊崇——因爲它們的美善已臻於至境，故只需傳述無需改動。類似的思想在其他場合也多有流露，如《八佾》中他說「周監於二代，郁郁乎文哉！吾從周」，在《述而》中他又說「若聖與仁，則吾豈敢」。這種「信古」、「不作」之論遭到了墨家的尖銳批評。如《墨子・非儒下》記：

> 儒者……又曰：「君子循而不作。」應之曰：古者羿作弓，伃作甲，奚仲作車，巧垂作舟。然則今之鮑、函、車、匠皆君子也，而羿、伃、奚仲、巧垂皆小人邪？且其所循，人必或作之，然則其所循皆小人道也？

又如《耕柱》記：

> 公孟子曰：「君子不作，術而已。」子墨子曰：「不然……吾以爲古之善者則誅之，今之善者則作之，欲善之益多也。」〔註291〕

《墨子》的批駁言之有理。但應該注意到，孔子所謂的「不作」只是謙詞或者一種理想。事實上在具體的思想行動中，孔子的方法是「述中有作」〔註292〕。例如他以「溫故而知新」〔註293〕、「和而不同」〔註294〕自勉，以「學而不思則罔」〔註295〕、「舉一隅不以三隅反，則不復矣」〔註296〕教人，如此則無論人、己，都往往有「新得」產生。學生的「新得」不同於老師時，孔子主張「當仁不讓」〔註297〕；那麼當孔子所知之新不同於其所好之古時，當仁不讓亦應是他的選擇，因爲「他是一個最誠實的學者」〔註298〕。他強調「人能弘道」〔註

〔註291〕清・孫詒讓《墨子閒詁》卷10引清・畢沅《墨子注》云：「術，同『述』」；「誅，疑當爲『述』。」

〔註292〕馮友蘭：《中國哲學簡史》，第51頁，北京大學出版社，1985年。

〔註293〕《論語・爲政》。

〔註294〕《論語・子路》。

〔註295〕《論語・爲政》。

〔註296〕《論語・述而》。

〔註297〕《論語・衛靈公》。

〔註298〕顧頡剛：《春秋時代的孔子和漢代的孔子》，《古史辨》第二冊，第136頁，上海古籍出版社，1982年。

〔註299〕《論語・衛靈公》。

299〕，而弘揚本身就包涵著創作。可見「他所提倡的不是簡單地傚仿過去，而是重複具有恒久性的眞理」〔註 300〕。孔子的文獻活動中也可找到其「述中有作」思想的證明。以《春秋》爲例，孔子「筆則筆，削則削，子夏之徒不能贊一辭」，如果僅述不作，孔子不會預見後世的「知」與「罪」〔註 301〕。

述中有作事實上是一個知行合一的過程。先秦很多學者都秉持此道，如孟子所謂「君子深造之以道，欲其自得之也」〔註 302〕，荀子所謂「學至於行之而止矣」〔註 303〕，等等。他們在開展文獻活動時，也無疑會受到這種思想的影響和指導。

2、「多聞闕疑」

「多聞闕疑」語出《論語・爲政》：

> 子張學干祿。子曰：「多聞闕疑，愼言其餘，則寡尤；多見闕殆，愼行其餘，則寡悔。言寡尤，行寡悔，祿在其中矣。」

看起來似乎是針對如何穩妥地獲取俸祿而施以教誨，事實上這一思想見諸孔子言行的各個層面。以爲人爲例，「子絕四：毋意，毋必，毋固，毋我」〔註 304〕，也「不語怪、力、亂、神」〔註 305〕。以爲學爲例，子曰「知之爲知之，不知爲不知，是知也」〔註 306〕，又曰：「蓋有不知而作之者，我無是也。多聞擇其善者而從之，多見而識之」〔註 307〕。對於有疑不闕而亂加解釋的行爲，孔子十分不屑。著名的事例見於《八佾》：

> 哀公問社於宰我。宰我對曰：「夏后氏以松，殷人以柏，周人以栗。」
> 曰：「使民戰栗。」子聞之曰：「成事不說，遂事不諫，既往不咎。」

對於宰我想當然的信口胡言，孔子表露出明顯的不滿。

「多聞闕疑」的思想直接作用於文獻整理。《八佾》中記：

> 子曰：「夏禮，吾能言之，杞不足徵也；殷禮，吾能言之，宋不足徵

〔註 300〕〔德〕雅斯貝爾斯：《蘇格拉底、佛陀、孔子和耶穌》，第 79 頁，李瑜青、胡學東譯，安徽文藝出版社，1991 年。
〔註 301〕《史記》卷 47《孔子世家》。
〔註 302〕《孟子・離婁下》。
〔註 303〕《荀子・儒效》。
〔註 304〕《論語・子罕》。
〔註 305〕《論語・述而》。
〔註 306〕《論語・爲政》。
〔註 307〕《論語・述而》。

也。文獻不足故也。足，則吾能徵之矣。」

即便我心自知，也要求文獻之徵。《衛靈公》中又記：

> 子曰：「吾猶及史之闕文也。有馬者借人乘之，今亡矣夫！」

意指對於暫時無法瞭解的史之闕文，應留待後賢探研，而不要亂加更改。《公羊傳‧莊公七年》的記載更加清晰：

> （經）夏四月辛卯，夜，恒星不見，夜中，星實如雨。（傳）恒星者何？列星也。列星不見何以知？夜之中星反也。如雨者何？如雨者非雨也。非雨則曷爲謂之如雨？不脩《春秋》曰「雨星不及地尺而復」。君子脩之曰：「星實如雨。」

孔子對魯之《春秋》中「雨星不及地尺而復」的原文心存疑慮，故闕之不錄，只言「星隕如雨」而已。司馬遷對於孔子於文獻的這種認眞態度進行過總結，他說〔註308〕：

> 孔子因史文次春秋，紀元年，正時日月，蓋其詳哉。至於序尚書則略，無年月；或頗有，然多闕，不可錄。故疑則傳疑，蓋其愼也。

孔子的傳疑態度不僅令人肅然起敬，也促使文獻學上崇實斥妄學風的形成。先秦文獻學少見理論自覺，多聞闕疑卻是其一。

3、循名責實

「正名」的主張，最早由孔子提出。《論語‧子路》記載：

> 子路曰：「衛君待子而爲政，子將奚先？」子曰：「必也正名乎！」子路曰：「有是哉，子之迂也！奚其正？」子曰：「野哉，由也！君子於其所不知，蓋闕如也。名不正，則言不順；言不順，則事不成；事不成，則禮樂不興；禮樂不興，則刑罰不中；刑罰不中，則民無所錯手足。故君子名之必可言也，言之必可行也。君子於其言，無所苟而已矣。」

這段對話的背景是孔子初返衛國時，衛君（此指衛出公）與其父爲爭奪政權兵戎相見，國情動盪不安，孔子因此闡發「正名」的理論。從文意來看，孔子所要「正」的「名」，是政治名分〔註309〕；「正名」的目的，是反對違背周禮的僭

〔註308〕《史記》卷13《三代世表》。

〔註309〕這一點從《左傳》中也有所體現。《左傳‧成公二年》載：「仲尼聞之曰：『……唯器與名，不可以假人，君之所司也。名以出信，信以守器，器以藏禮，禮以行義，義以生利，利以平民，政之大節也。若以假人，與人政也。』」

越行爲。這一切似乎與文獻並無關聯。

荀子繼承並發揚了孔子的「正名」思想。《荀子·正名》中這樣說道：

> 今聖王沒，名守慢，奇辭起，名實亂，是非之形不明，則雖守法之吏，
> 誦數之儒，亦皆亂也。若有王者起，必將有循於舊名，有作於新名。
> 然則所爲有名，與所緣以同異，與制名之樞要，不可不察也。

因此荀子認爲對於名實問題，「君子必辨」〔註310〕，以期「上以明貴賤，下以辨同異」〔註311〕。可見在荀子眼裏，「正名」的內涵雖然出現了一些變化，其意義仍然體現在政治方面。但在「辨」的過程中，荀子深入探討了邏輯思維的規律，因而客觀上對文獻學的重要內容之一訓詁學作出了貢獻。孫欽善具體歸納了《荀子·正名》對訓詁學的貢獻，包括指明詞義的社會性、地域性、歷史性；提出「單名」、「兼名」、「共名」、「別名」等概念，有助於循名責實，辨析訓解詞義〔註312〕。據此，循名責實也成爲文獻學的指導思想。

4、「知人論世」

「知人論世」原是孟子的交友名言。《萬章下》載：

> 孟子謂萬章曰：「一鄉之善士斯友一鄉之善士，一國之善士斯友一國
> 之善士，天下之善士斯友天下之善士。以友天下之善士爲未足，又尚
> 論古之人。頌其詩，讀其書，不知其人，可乎？是以論其世也。是尚
> 友也。」

孟子以爲與一鄉、一國以及天下的「善士」爲友之外，還要與古人爲友。而若想與古人有精神交流，唯一的途徑是閱讀其傳世著作。但要眞正理解這些作品的內涵，還必須深入瞭解作者的詳細信息，包括其生平思想及生存背景，所謂「知其人，論其世」。知人論世於文獻研究而言是一個非常合理的命題，它在文獻學史上產生了深遠的影響。

5、「以意逆志」

孟子在討論《詩》之理解時，提出了一個重要的觀點，即「以意逆志」。《孟子·萬章上》說：

> 咸丘蒙曰：「舜之不臣堯，則吾既得聞命矣。詩云：『普天之下，莫非

〔註310〕《荀子·非相》。
〔註311〕《荀子·正名》。
〔註312〕孫欽善：《中國古文獻學史》上冊，第32～34頁，中華書局，1994年。

王土；率土之濱，莫非王臣。』而舜既爲天子矣，敢問瞽瞍之非臣，
如何？」曰：「是詩也，非是之謂也；勞於王事而不得養父母也。曰：
『此莫非王事，我獨賢勞也。』故說詩者，不以文害辭，不以辭害志。
以意逆志，是爲得之。如以辭而已矣，《雲漢》之詩曰：『周餘黎民，
靡有孑遺。』信斯言也，是周無遺民也。

這裡的「文」，指文字；「辭」，指言辭；「意」，指讀者對所閱讀文獻的理解；「志」，
指作者所要表達的意圖〔註313〕。孟子發現了文辭與意、志之間的矛盾並提出了
解決矛盾的方法。這個方法就是「以意逆志」，亦即「以己意迎取作者之志」〔註
314〕。應該說孟子反對「以文害辭，以辭害志」、主張「以意逆志」的思想對於
文獻的理解與闡釋而言是有積極意義的，但同時也必須注意到這一方法的負面
影響——它蘊藏著歪曲文獻的主觀故意。

6、春秋書法

《春秋》係孔子依魯史而修，雖然談不上創作，卻飽含夫子「懲惡揚善」
的意圖。這些意圖通過一定的「書法」表現出來，故學者言「《尚書》無定法，
《春秋》有成例」〔註315〕。

《春秋》書法的主要特徵，是用簡練的文字寓評斷褒貶於記事過程，一
字之褒榮於華袞，一字之貶嚴於斧鉞〔註316〕，所謂「微言大義」。但孔子以其
心目中神聖無比的周禮作爲基準，因此褒貶中帶有強烈的主觀色彩，甚至出
現「爲尊者諱、爲親者諱、爲賢者諱」〔註317〕的曲筆，實爲漢代今文經學牽
強附會、文獻我用的先聲。

7、「定誠」

德國哲學家海德格爾認爲，人的理解行爲貌似自主的主體行爲，其實不
然。因爲人所居住的世界從一開始就是一個業已被別人解釋過了的世界，圍
繞著人的事物都已被「命名」了，也就是說，是別人的解釋在先，構成了某

〔註313〕關於「意」、「志」之解，參見漢・趙岐《孟子注》及宋・朱熹《孟子集注》。
〔註314〕宋・朱熹：《四書集注・孟子集注》。
〔註315〕清・章學誠：《文史通義・書教》，中華書局，1985 年。
〔註316〕《幼學瓊林・文事》：「榮於華袞，乃春秋一字之褒；嚴於斧鉞，乃春秋一字
之貶。」
〔註317〕《公羊傳・閔公元年》說：「『冬，齊仲孫來。』齊仲孫者何？公子慶父也。
公子慶父，則曷爲謂之齊仲孫？繫之齊也。曷爲繫之齊？外之也。曷爲外之？
《春秋》爲尊者諱，爲親者諱，爲賢者諱。」

一理解者的「基本假設」，所以，已被解釋的事物本身既包含了理解者之心理世界與精神世界的構成要素，同時這些要素也蘊含在理解者欲加以理解的對象之中，由此之故，一切理解活動都必有其賴以展開的「前理解」〔註318〕。對於後人而言，前賢所傳文獻就是海氏所謂的「前理解」。如何看待這種「前理解」？韓非子首先提出了「定誠」的觀點。《韓非子・顯學》說：

> 世之顯學，儒、墨也。儒之所至，孔丘也。墨之所至，墨翟也。……
> 孔、墨之後，儒分為八，墨離為三，取捨相反不同，而皆自謂真孔、
> 墨，孔、墨不可復生，將誰使定後世之學乎？孔子、墨子俱道堯、
> 舜，而取捨不同，皆自謂真堯、舜，堯、舜不復生，將誰使定儒、
> 墨之誠乎？

韓非堅信前代文獻存在誠偽問題，在《外儲說左上》中，他又通過生動的故事進行了說明：

> 郢人有遺燕相國書者，夜書，火不明，因謂持燭者曰：「舉燭。」而
> 誤書「舉燭」。舉燭，非書意也。燕相受書而說之，曰：「舉燭者，
> 尚明也；尚明也者，舉賢而任之。」燕相白王，王大說，國以治。
> 治則治矣，非書意也。今世學者多似此類。……故先王有郢書，而
> 後世多燕說。

那麼如何定誠辨偽？韓非也有自己的看法〔註319〕：

> 殷、周七百餘歲，虞、夏二千餘歲，而不能定儒、墨之真；今乃欲
> 審堯、舜之道於三千歲之前，意者其不可必乎！無參驗而必之者，
> 愚也；弗能必而據之者，誣也。故明據先王，必定堯、舜者，非愚
> 則誣也。愚誣之學，雜反之行，明主弗受也。

儘管韓非子並未就文獻的考證作出更多具體的工作，但其「定誠」與「參驗」理論開啓了文獻考證的學術路向。

這裡有一個值得注意的問題，即孟子的「盡信《書》，則不如無《書》」說。此說見於《孟子・盡心下》：

> 孟子曰：「盡信《書》，則不如無《書》。吾於《武成》，取二三策而
> 已矣。仁人無敵於天下，以至仁伐至不仁，而何其血之流杵也？」

〔註318〕〔德〕海德格爾：《存在與時間》，陳嘉映、王慶節譯，第 181～186 頁，三聯
　　　　書店，1987 年。
〔註319〕《韓非子・顯學》。

長期以來此說被賦予一般意義，在辨僞學史上影響很大。而實際上，孟子之所以在這裡對《書》表示極大的不滿，是認爲「血之流杵」的描寫醜化了周武王的仁聖形象。事關政治理想時甚至不能容忍文獻中誇張的修辭手法、并對之橫加指責，這不僅沒有反映出科學的辨僞思想，反而流露了明顯的主觀主義傾向。其客觀作用，是「作僞」而非「辨僞」。其後武王伐紂兵不血刃這種歪曲史實的說法〔註320〕，即受其影響。

〔註320〕《荀子·議兵》：「武王伐紂，以仁義之兵，行於天下，故兵不血刃」。《説苑·指武》：「兵不血刃，湯、武之兵」。《太平御覽》卷329引桓譚《新論》：「武王伐紂，兵不血刃，而天下定。」

第二章　漢代文獻學述要

　　兩漢是中國歷史上「富有創造性的學術繁榮時代」〔註1〕，它所創造的輝煌文明不僅奠定了中華民族學術形態和文化心理的基礎，影響甚至達到了世界史的高度〔註2〕。這一輝煌文明之源，是周秦王官之學和諸子百家之學；之流，是漢以降數千年的學術成就。而其納川開山的價值實現，必須借助於對文獻的研究和承傳，文獻學因此不可避免地成為漢代學術的基點。漢代文獻學以周秦遺產為資本，從時代土壤汲取營養，得到了長足的發展，並自覺而形成為學術思想理論。

第一節　影響文獻學發展的外部因素

　　學術是時代精神的知識化體現，它遵循自身發展規律的同時，也受到所處時代具體條件——包括政治、經濟狀況——的調控。這些外部因素對文獻學在漢代由幼苗而枝繁葉茂並形成其思想特徵產生了重大影響。

一、政策因素

1、除「挾書律」

　　「挾書律」是秦王朝集權建設的配套措施。其內容據《漢書》顏師古注

〔註1〕　張立文主編：《中國學術通史》總序，第9頁，人民出版社，2004年。
〔註2〕　李學勤認為：漢代「輝煌的文明所造成的影響，範圍絕不限於亞洲東部，我們只有從世界史的高度才能估價它的意義和價值。」見李學勤：《中國古代文明十講》，第77頁，復旦大學出版社，2003年。

爲「敢有挾書者族」〔註3〕。對此需作辨正分析。

西元前 221 年，經過幾代君臣的勵精圖治和無數「虎摯之士」的浴血奮戰，直至戰國初年仍被東方大國「戎狄視之」〔註4〕的秦國，終於「席卷天下」，建立起中國歷史上第一個統一的、多民族的封建帝國。帝國的版圖，「東至海暨朝鮮，西至臨洮、羌中，南至北向戶，北據河爲塞，并陰山至遼東」〔註5〕。以此爲起點，中國開始進入一個統一、強盛的新時期。面對疆域空前的新國家，秦王朝的締造者面臨著巨大的壓力。一方面是統治經驗的缺乏——數百年連綿不斷的戰爭無情地嘲笑了封國建藩的周代王制，而早年地處西北一隅時奉行的政策方針顯然也不完全符合現實的需要。另一方面，久分而合的國土的表層之下，裂隙密佈。六國的臣服只是迫於兵勢，「楚雖三戶、亡秦必楚」反映的不僅僅是楚國舊貴族的心態，「彼可取而代也」也絕非項羽一人之念想〔註6〕——祖上「五世相韓」的張良就曾「悉以家財求客刺秦王，爲韓報仇」〔註7〕。當權者的寶座好像置放在火山口上，因此他的要務是建立起新的、強有力的統治模式，以確保腳下江山的穩固。秦朝新建制度的核心是加強集權、鞏固統一。秦始皇廢分封行郡縣，設立三公九卿制，一法度、握兵符，「天下之事無大小皆決於上」〔註8〕，建立起一整套專制主義中央集權的統治機構和制度。政治和思想密切相關。秦始皇在思想領域採取的重大舉措是對治國思想的選擇。秦朝原本存在著多種文化共同繁榮的可能。統一之前，就區域而言，秦文化、晉文化、燕趙文化、齊文化、巴蜀文化、楚文化、吳越文化等都已得到長足的發展；就思想流派而言，春秋戰國一些大思想家播下的火種業已燎原。被一些學者認爲是「秦漢思想序曲」的《呂氏春秋》即兼採百家學說，折射了當時社會各種不同的思想觀點。但是統一的政局需要統一的思想，呂不韋自己也清醒地認識到「一則活，異則亂；一則安，異則危」，「聽群眾人議治國，國危無日矣」〔註9〕。曾與韓非心有靈犀的秦始皇對其「雜反之學不兩立而治」〔註10〕的理論領會得十分到位，因此他必然對新王朝繼承

〔註 3〕 《漢書》卷 2《惠帝紀》顏師古注引張晏語。
〔註 4〕 《史記》卷 5《秦本紀》。
〔註 5〕 《史記》卷 6《秦始皇本紀》。
〔註 6〕 《史記》卷 7《項羽本紀》。
〔註 7〕 《史記》卷 55《留侯世家》。
〔註 8〕 《史記》卷 6《秦始皇本紀》。
〔註 9〕 《呂氏春秋·不二》。
〔註 10〕 《韓非子·顯學》。

或接管的思想文化進行整合，選擇其一作爲治國的理論指導。最終被他選中的是法家思想。秦朝思想統一於法家有著深刻的原因。以「法」爲治在秦國有著成功的運作經驗。法家思想指導下的商鞅變法是秦國發展史上一個重大的轉折，爲日後秦獲取「帝王之業」奠定了堅實的基礎。其後商君雖死，「秦法未敗」〔註11〕，與法家思想結爲一體的秦文化更凸顯其功利性和軍事性，較之同時並存的其他區域文化更適應當時用武力統一天下的時代潮流。「因此，統一天下的歷史重任，是由秦而非其他諸侯國最後完成的」〔註12〕。

關於秦思想統一於法家有以下兩個問題值得注意。

第一、爲了達成這種統一，秦王朝不惜以犧牲文獻爲代價，最突出的表現就是焚書。焚書的起因是淳于越對「郡縣制」的猛烈抨擊。這個顯然是飽受儒家傳統文化熏陶的齊博士在朝庭之上大膽宣稱「事不師古而能長久者，非所聞也，」令政治嗅覺靈敏的法家門徒李斯大爲緊張，他馬上以淳于越爲典型痛斥諸生「不師今而學古，以非當世、惑亂黔首，」認爲「今皇帝並有天下，別黑白而定一尊。私學而相與非法教。人聞令下，則各以其學議之，入則心非，出則巷議，誇主以爲名，異取以爲高，率群下以造謗。如此弗禁，則主勢降乎上，黨與成乎下」，同時爲維護「主勢」支招：「禁之便」，提議「史官非秦記皆燒之；非博士所職，天下敢有藏《詩》、《書》、百家語者，悉詣郡守、尉雜燒之。有敢偶語《詩》、《書》者棄市；以古非今者族；吏見知不舉者與同罪；令下三十日燒，黥爲城旦；所不去者，醫藥、卜筮、種樹之書；若欲有學法令，以吏爲師」〔註13〕。秦始皇採納了這一建議，一時境內煙火升騰，天下斯文遭劫。

第二，天下思想統一於法家並非絕對的、單純的。統一併未使其他思想學派自此消亡，就如同焚書並沒有讓所有的典籍都作灰飛煙滅。秦文化中素有「拿來」的傳統〔註14〕。只要是對自己有用的東西，無論是思想主張抑或是文武之士，一律照單全收。地偏一隅時，秦就「拿來」過三代文化、戎狄文化、六國文化及難計其數的別國人才；一統以後，秦更以天下爲囊中之物，「拿來」之舉得心應手。雖說法家思想定爲一尊，但對其他思想的拿取痕迹

〔註11〕《韓非子‧定法》。

〔註12〕黃留珠：《重新認識秦文化》，《秦漢歷史文化論稿》，第146頁，三秦出版社，2002年。

〔註13〕《史記》卷6《秦始皇本紀》。

〔註14〕黃留珠：《秦文化概說》，《秦文化論叢》第1輯，西北大學出版社，1993年。

十分明顯。爲尋找改朝換代的理論依據，「始皇推終始五德之傳」，這是轉陰陽學說爲國策；爲尊君抑臣校正風俗，「悉內六國禮儀、采擇其善」〔註15〕，「設三老掌教化」〔註16〕，「凡有孝子順孫、貞女義婦、讓財救患及學士爲民法式者、皆扁表其門、以興善行，」這是以儒家思想助政；爲長生不老，「召文學方術甚眾」，「尊爵而事之」〔註17〕，這是對神仙方術文化的利用。此外，秦一直高舉的統一大旗極易令人聯想到墨家的「尚同」；焚書時放醫藥、種樹書一條生路表現了對自然科學的尊重等等。秦的「拿來」習慣使其並未將法家以外的非主流文化趕盡殺絕，秦朝的思想統一是一種以法家思想爲主幹的單元性多元統一。

綜上，挾書律的內容主要是禁止民間私藏「《詩》、《書》、百家語」等不利統治的書籍，並非「挾書即族」。儘管不像後人所理解的那麼嚴苛，秦挾書律的建立還是堵塞了文化在民間的流通渠道；其具體實施如焚書行爲對於先秦舊籍更是空前殘滅，確爲「書之一厄」〔註18〕。

漢承秦制，但注意反秦之弊。舉措之一即除挾書律。《漢書》卷2《惠帝紀》記載：「四年……三月甲子，皇帝冠，赦天下。省法令妨吏民者；除挾書律」。行文之中似乎指出除挾書律是因其妨害吏民，實際上此舉有其更爲深刻的原因。漢初統治者之所以能夠順利接手基本現成的國家機制，其先決條件之一，是擁有了秦的重要文獻。早在劉邦初至咸陽時，蕭何即「先入收秦丞相御史律令圖書藏之」。正因爲「具得秦圖書」，漢才能「具知天下戹塞，戶口多少，彊弱之處，民所疾苦」〔註19〕，蕭何才能「攟摭秦法，取其宜於時者，作律九章」〔註20〕。漢制的初建，典籍與有力焉。

面對秦末爭戰之後的歷史局面，統治者實施了黃老政治。其實先秦古籍中沒有「黃老」一詞，《七略》中黃老作品也被分開著錄。「黃老」合稱雖見於《史記》，如「慎到，趙人。田駢、接子，齊人。環淵，楚人。皆學黃老道德之術，因發明序其指意」〔註21〕、「申子之學本於黃老而主刑名」〔註22〕等。

〔註15〕《史記》卷23《禮書》。
〔註16〕《漢書》卷19《百官公卿表》。
〔註17〕《說苑·反質》。
〔註18〕《隋書》卷49《牛弘傳》，中華書局二十四史點校本。
〔註19〕《史記》卷53《蕭相國世家》。
〔註20〕《漢書》卷23《刑法志》。
〔註21〕《史記》卷74《孟子荀卿列傳》。
〔註22〕《史記》卷63《老子韓非列傳》。

但一處強調「道德」一處強調「刑名」，可見司馬遷的「黃老」概念也十分模糊。那麼「黃老」究竟何指？在馬王堆帛書出土之前，人們只能從《漢志》所錄黃帝之書中道家類所佔比例最高、《漢志》注《黃帝君臣》曰「起六國時，與《老子》相似也」等信息中發現這個學派與道家之間存在極深的思想淵源，從而將「黃」「老」混作一談。《黃帝四經》的重見天日解開了這個謎團——漢初發揮過巨大作用的黃老之學實爲「黃學」〔註23〕。本文第一章已經提到，戰國百家中有黃學一派，其著作甚至已有「經」之名稱。黃學與老學同源異流，較之後者，它更具催生法家學說的可能。最明顯的證據，是老學公開反對法治，而《黃帝四經》中包含豐富的法治思想內容〔註24〕。有學者甚至認爲黃老思想的政治實質就「是法家思想」〔註25〕。正是因爲與法家思想密切相關，「黃帝之書」才能遇秦火而全。入漢之後，它們很快引起了統治者的注意，受到追捧並爲之所用。黃老政治取得了良好治效，幾乎給所有階層都帶來了利益，典籍與有力焉。

　　漢初開國君臣學術根基大多淺薄，鄙棄文化一度成爲他們的習慣。這種局面的改變大概始於陸賈而定於叔孫通。以下是學界在談論漢初儒學時幾乎都要提及的一段文字〔註26〕：

> 陸生時時前說稱《詩》《書》。高帝罵之曰：「迺公居馬上而得之，安事《詩》《書》！」陸生曰：「居馬上得之，寧可以馬上治之乎？且湯武逆取而以順守之，文武並用，長久之術也。昔者吳王夫差、智伯極武而亡；秦任刑法不變，卒滅趙氏。鄉使秦已併天下，行仁義，法先聖，陛下安得而有之？」高帝不懌而有慚色，迺謂陸生曰：「試爲我著秦所以失天下，吾所以得之者何，及古成敗之國。」陸生迺粗述存亡之徵，凡著十二篇。每奏一篇，高帝未嘗不稱善，左右呼萬歲，號其書曰「新語」。

這裡需要強調的是，陸賈最終通過書篇這一直觀形式扭轉了劉邦的偏見。與陸賈立足發展先秦儒學理論不同，叔孫通的著眼點在於直接服務政治現實。他最大的動作，是對帝國禮樂制度的建設。當他觀察到那些起自社會下層、

〔註23〕詳見余明光：《黃帝四經與黃老思想》，黑龍江人民出版社，1989年。

〔註24〕余明光：《黃帝四經與黃老思想》，第175～179頁，黑龍江人民出版社，1989年。

〔註25〕金春峰：《漢代思想史》，第42頁，中國社會科學出版社，2006年。

〔註26〕《史記》卷97《酈生陸賈列傳》。

無緣禮樂熏陶的大臣們不分場合的粗俗舉止終於引起了劉邦的反感時，君臣二人進行了這樣一番對話〔註27〕：

> （叔孫通）說上曰：「夫儒者難與進取，可與守成。臣願徵魯諸生，與臣弟子共起朝儀。」高帝曰：「得無難乎？」叔孫通曰：「五帝異樂，三王不同禮。禮者，因時世人情爲之節文者也。故夏、殷、周之禮所因損益可知者，謂不相復也。臣願頗采古禮與秦儀雜就之。」
>
> 上曰：「可試爲之，令易知，度吾所能行爲之。」

注意叔孫通提到了自己製禮的依據，是「古禮與秦儀」。禮成之後劉邦大爲滿意，這個提三尺劍居馬上得天下的布衣天子直到這個時候才「知爲皇帝之貴」，明白了何謂儒者「可與守成」。之後叔孫通獲得大量賞金並被委以重任，終成「漢家儒宗」〔註28〕。儒學復興並成爲漢王朝統治思想轉向的前提，典籍與有力焉。

　　文獻對於漢初政治所發揮的重大作用，喚醒了統治者對於周秦業已形成的文獻觀的記憶。曾經張口「乃公」閉口「豎儒」、甚至解下人家儒者帽子溲溺其中的劉邦，終於對自己的行爲有所悔悟〔註29〕：

> 吾遭亂世，當秦禁學，自喜，謂讀書無益。洎踐祚以來，時方省書，
>
> 乃使人知作者之意，追思昔所行，多不是。

這份深刻的「檢討」出現在給太子的敕書中，既是對自己的反省，也是對後繼者的告誡。這種覺悟，才是挾書律得除的根本原因。

　　書籍依靠自身的功用最終掙脫了被挾制的命運，而挾書律的廢除又促進了書籍的繁榮。之後政府開始「大收篇籍，廣開獻書之路」〔註30〕，孝文帝時「天下眾書」已經「往往頗出」〔註31〕，例如《漢志》就載「六國之君，魏文侯最爲好古，孝文時得其樂入寶公，獻其書，乃《周官‧大宗伯》之《大司樂》章也」〔註32〕。值得注意的是此期地方勢力的收書活動。其中以河間獻王劉德和淮南王劉安最爲著名。《漢書》卷53《景十三王傳》記載：

〔註27〕《史記》卷99《劉敬叔孫通列傳》。
〔註28〕《史記》卷99《劉敬叔孫通列傳》。
〔註29〕清‧嚴可均校輯：《全上古三代秦漢三國六朝文》第一冊，第131頁，中華書局，1958年。
〔註30〕《漢書》卷30《藝文志》。
〔註31〕《漢書》卷36《楚元王傳》。
〔註32〕《漢書》卷30《藝文志》。

> 河間獻王德以孝景前二年立，修學好古，實事求是。從民得善書，
> 必爲好寫與之，留其眞，加金帛賜以招之。繇是四方道術之人不遠
> 千里，或有先祖舊書，多奉以奏獻王者，故得書多，與漢朝等。……
> 獻王所得書皆古文先秦舊書，《周官》、《尚書》、《禮》、《禮記》、《孟
> 子》、《老子》之屬，皆經傳說記，七十子之徒所論。

可見劉德所收之書質量精良、數量宏富，並成爲後來古文經的一個源頭。同
傳又記：

> 是時，淮南王安亦好書，所招致率多浮辯。

淮南王劉安係前淮南王劉長之子，《史記》、《漢書》均載其喜好讀書、流譽天
下。從他對於父親劉長敗後絕食而死一事「時時怨望」〔註33〕，以及「招致賓
客方術之士數千人」〔註34〕的情況分析，劉安對中央政府確懷敵意。劉安最後
也步其父之後塵，不終其身。但他所編《淮南子》卻是一部具有重大學術價值
的學術巨著，高誘所謂「其義也著，其文也富，物事之類，無所不載」、「學者
不論《淮南》，則不知大道之深也。是以先賢通儒述作之士，莫不援采以驗經
傳」〔註35〕。而此前劉安所收集的資料正是《淮南子》成書的重要基礎，可見
這些資料並非「浮辯」之流。班固所以有此言，多半是對劉安「親爲骨肉，疆
土千里，列在諸侯，不務遵蕃臣職，以丞輔天子，而剗懷邪辟之計，謀爲畔逆」
〔註36〕的行爲深懷惡感所致。因此劉安收書的質與量也不應低估。

考古發現也提供了除挾書律後文獻私藏的實證。如湖南長沙馬王堆、湖
北江陵張家山、山東臨沂銀雀山、河北定縣八角廊、安徽阜陽雙古堆等西漢
早期墓葬中出土了大量書於竹帛的古籍〔註37〕，反映了墓主生前藏書情況。

2、尊「獻」

秦火楚炬燔滅了大量文本，「獻」卻將知識熔鑄於心血之中，穿過濃厚的

〔註33〕《史記》卷118《淮南衡山列傳》。
〔註34〕《漢書》卷44《淮南衡山濟北王傳》。
〔註35〕《淮南子·敘目》。
〔註36〕《漢書》卷44《淮南衡山濟北王傳》。
〔註37〕馬王堆漢墓帛書整理小組：《馬王堆漢墓帛書》；張家山二四七號漢墓竹簡整
　　　理小組：《張家山漢墓竹簡》；銀雀山漢墓竹簡整理小組：《銀雀山漢墓竹簡》。
　　　以上均由文物出版社出版。定縣漢墓竹簡整理小組：《河北定縣 40 號漢墓出
　　　土竹簡簡介》，《文物》1981 年第 8 期；安徽省文物工作隊、阜陽地區博物館、
　　　阜陽縣文化局《阜陽雙古堆西漢汝陰侯墓發掘簡報》，《文物》1978 年第 8 期。

煙靄繼續傳遞文明。劉歆「天下唯有《易》卜，未有它書」〔註38〕的說法雖嫌誇張，卻大致反映了漢初篇籍未備的實情。這種背景凸顯了「獻」的作用。儒家之「獻」如陸賈叔孫通的貢獻上文已經提及，此處還可以黃老之「獻」蓋公、黃公爲例。《史記》卷54《曹相國世家》載：

> 孝惠帝元年，除諸侯相國法，更以參爲齊丞相。參之相齊，齊七十城。天下初定，悼惠王富於春秋，參盡召長老諸生，問所以安集百姓，如齊故諸儒以百數，言人人殊，參未知所定。聞膠西有蓋公，善治黃老言，使人厚幣請之。既見蓋公，蓋公爲言治道貴清靜而民自定，推此類具言之。參於是避正堂，舍蓋公焉。其治要用黃老術，故相齊九年，齊國安集，大稱賢相。

《史記》卷121《儒林列傳》載：

> 清河王太傅轅固生者，齊人也。以治《詩》，孝景時爲博士。與黃生爭論景帝前。黃生曰：「湯武非受命，乃弒也。」轅固生曰：「不然。夫桀紂虐亂，天下之心皆歸湯武，湯武與天下之心而誅桀紂，桀紂之民不爲之使而歸湯武，湯武不得已而立，非受命爲何？」黃生曰：「冠雖敝，必加於首；履雖新，必關於足。何者，上下之分也。今桀紂雖失道，然君上也；湯武雖聖，臣下也。夫主有失行，臣下不能正言匡過以尊天子，反因過而誅之，代立踐南面，非弒而何也？」轅固生曰：「必若所云，是高帝代秦即天子之位，非邪？」於是景帝曰：「食肉不食馬肝，不爲不知味；言學者無言湯武受命，不爲愚。」

前者教曹參以治要之術，後者竭力維護新建政權的上下秩序，都爲當局的統治提供了理論上的服務。

正是基於「獻」的作用，漢初統治層多有尊「獻」之舉。劉邦除重用陸賈、叔孫通等人之外，曾有過其他求「獻」舉動〔註39〕。在去世之前，他還

〔註38〕《漢書》卷36《楚元王傳》。
〔註39〕《漢書》卷40《張陳王周傳》：「漢十二年，上從破布歸，疾益甚，愈欲易太子。良諫不聽，因疾不視事。叔孫太傅稱說引古，以死爭太子。上陽許之，猶欲易之。及晏，置酒，太子侍。四人者從太子，年皆八十有餘，鬚眉皓白，衣冠甚偉。上怪，問曰：『何爲者？』四人前對，各言其姓名。上乃驚曰：『吾求公，避逃我，今公何自從吾兒遊乎？』四人曰：『陛下輕士善罵，臣等義不辱，故恐而亡匿。今聞太子仁孝，恭敬愛士，天下莫不延頸願爲太子死者，故臣等來。』上曰：『煩公幸卒調護太子。』」

「過魯，以大牢祠孔子」〔註40〕，對這位前代最偉大的「獻」表示了極大的尊重。文帝時「聞申公爲《詩》最精，以爲博士」，並使掌故晁錯向「年九十餘，老不可徵」的故秦博士伏生學習《尚書》〔註41〕。此外劉邦封唯一的女兒於魯〔註42〕，武帝感慨「生子當置之齊魯禮儀之鄉」〔註43〕，也都流露出對儒家之「獻」的信賴。諸分封國的尊「獻」行爲也時有發生。如楚元王劉交「少時嘗與魯穆生、白生、申公俱受《詩》於浮丘伯。伯者，孫卿門人也。……漢六年……元王即至楚，以穆生、白生、申公爲中大夫。高后時，浮丘伯在長安，元王遣子郢客與申公俱卒業」〔註44〕；梁孝王劉勝「招延四方豪桀，自山以東遊說之士，莫不畢至，齊人羊勝、公孫詭、鄒陽之屬」〔註45〕；河間獻王劉德「學舉六藝……修禮樂，被服儒術，造次必於儒者。山東諸儒多從而遊」〔註46〕；淮南王劉安「招致賓客方術之士數千人」。其中浮丘伯、穆生、白生、申公、山東諸儒、遊說之士、賓客方術之士俱爲一時之「獻」。不惟漢初，王莽、更始之間書遇「二厄」〔註47〕時，光武帝也作出尊「獻」姿態，「未及下車，而先訪儒雅，采求闕文，補綴漏逸」〔註48〕，於是在「獻」的幫助下，使文獻復興成爲其「中興」的一個內容。

　　如果說除挾書律掃平了文本文獻復興的道路，尊「獻」策略則最大限度地激發了「獻」的功能。劉歆言「《尚書》初出於屋壁，朽折散絕，今其書見在，明師傳讀而已」〔註49〕，章學誠言：「口耳竹帛，未嘗分居立言之功」〔註50〕，足知「獻」於文獻繁榮之重。以儒家文獻爲例，《漢書》卷88《儒林傳》記：

〔註40〕　《漢書》卷1《高帝紀》。

〔註41〕　《漢書》卷49《爰盎晁錯傳》。

〔註42〕　《史記》卷8《高祖本紀》：呂后「生孝惠帝、魯元公主」，裴駰注引服虔曰：「元，長也。食邑於魯。」

〔註43〕　《史記》卷60《三王世家》褚先生曰：「……會武帝年老長，而太子不幸薨，未有所立，而（燕王）旦使來上書，請身入宿衛於長安。孝武見其書，擊地，怒曰：『生子當置之齊魯禮義之鄉，乃置之燕趙，果有爭心，不讓之端見矣。』於是使使即斬其使者於闕下。」

〔註44〕　《漢書》卷36《楚元王傳》。

〔註45〕　《史記》卷58《梁孝王世家》。

〔註46〕　《漢書》卷53《景十三王傳》。

〔註47〕　《隋書》卷49《牛弘傳》。

〔註48〕　《後漢書》卷79《儒林傳》，中華書局二十四史點校本，1965年。下文引《後漢書》版本同。

〔註49〕　《漢書》卷36《楚元王傳》。

〔註50〕　清・章學誠：《文史通義》卷2《言公上》，中華書局，1985年。

漢興，言《易》自淄川田生；言《書》自濟南伏生；言《詩》，於魯則申培公，於齊則轅固生，燕則韓太傅；言《禮》，則魯高堂生；言《春秋》，於齊則胡母生，於趙則董仲舒。

可見漢初五經皆傳自於「獻」，之後逐漸枝葉滋蔓、蔚為大宗。

3、「建藏書之策，置寫書之官」

除挾書律和尊獻緩解了漢初文獻之窘。武帝時政府公藏大增，但是又一個亟待解決的文獻問題立馬橫刀現於眼前，即「書缺簡脫，禮壞樂崩」〔註51〕。這個問題成為武帝的一個心病，他喟然而稱「朕甚閔焉」，於是始「建藏書之策，置寫書之官」〔註52〕，將文獻的管治提上日程。

武帝所建「藏書之策」主要包括兩個內容。首先是圖書入庫。《漢志》記武帝時「下及諸子傳說，皆充秘府」一語隱含兩條信息：強調「下及」，必相對於「上至」而言，此實指從經典到諸子傳說的所有政府藏書；強調「皆充秘府」，似指此時才有嚴格的藏書入庫規定。其次是專人管理。《隋書》卷32《經籍志》記武帝「置太史公，命天下計書先上太史，副上丞相」；司馬遷「天下遺文古事靡不畢集太史公」之言亦是一證〔註53〕。

「建藏書之策」奠定了漢代典籍收藏與管理的基礎。現知西漢政府藏書之所多至九處，「其中內府有蘭臺、延閣、廣內三處；外府有金匱、石室、石渠、天祿、麒麟、曲臺六處」；藏所配有專職官員，如御史中丞與中書令職掌蘭臺、延閣、廣內，太常與大史職掌石室、金匱，博士職掌石渠，另有校書的專門人士職掌天祿、麒麟、曲臺。東漢在西漢的基礎上繼續發展，見於記載的藏所主要有石室、蘭臺、東觀、仁壽閣、辟雍、鴻都、宣明等，且各藏所的分工更為細緻，如蘭臺石室多藏綜合性文獻，東觀多開展學術研究，辟雍藏書多為培養官員而備，金匱則專藏皇室檔案〔註54〕。此外，東漢政府還創建了中國歷史上第一個管理文獻的最高中央機構——秘書監〔註55〕，進一步完善了公藏典籍管理制度。

〔註51〕《漢書》卷30《藝文志》。漢代禮樂制度自叔孫通已經建立，此言「禮」「樂」係指禮樂文獻。
〔註52〕《漢書》卷30《藝文志》。
〔註53〕《史記》卷130《太史公自序》。
〔註54〕參見傅璇琮、謝灼華：《中國藏書史》，上冊，第68～78頁，寧波出版社，2001年。
〔註55〕《後漢書》卷7《桓帝紀》。

武帝所置「寫書之官」實爲抄書之官。在印刷術發明之前，抄寫是獲得文獻的最主要方式。先秦已經出現「貳之」的存副意識，河間獻王也以「好寫」爲搜書手段。既置其官，說明武帝將這種方法制度化。據現有材料看，寫書之官主要在以下三個方面取得了重大成果：

其一，劉歆《移讓太常博士書》謂：

> 漢興，去聖帝明王遐遠，仲尼之道又絕，法度無所因襲。時獨有一叔孫通略定禮儀，天下唯有《易》卜，未有它書。至孝惠之世，乃除挾書之律，然公卿大臣絳、灌之屬咸介冑武夫，莫以爲意。至孝文皇帝，始使掌故朝錯從伏生受《尚書》。《尚書》初出於屋壁，朽折散絕，今其書見在，明師傳讀而已。《詩》始萌芽。天下眾書往往頗出，皆諸子傳說，猶廣立於學官，爲置博士。在漢朝之儒，唯賈生而已。至孝武皇帝，然後鄒、魯、梁、趙頗有《詩》、《禮》、《春秋》先師，皆起於建元之間。當此之時，一人不能獨儘其經，或爲《雅》或爲《頌》，相合而成。《泰誓》後得，博士集而讀之。故詔書稱曰：「禮壞樂崩，書缺簡脫，朕甚閔焉。」時漢興已七八十年，離於全經，固已遠矣。

文中諸事如漢初缺書、惠帝除挾書律、文帝始用申公並立傳記博士等多有旁證，加之作爲挑戰書理應言之有據以避免授人把柄，故其關於武帝建元時有《詩》、《禮》、《春秋》之「獻」、諸「獻」相合方成一經的說法較爲可靠。因此可據以認定，漢代最早的五經文本，係寫書之官對諸「獻」所傳內容的彙抄。

其二，《隋志》謂「武帝置太史公，命天下計書先上太史，副上丞相」，其中副本就是寫書之官的工作成果；劉歆又謂武帝至成帝「百年之間，書積如丘山」〔註56〕，書山之壘，也多有寫書之官的功勞。

其三，王國維謂〔註57〕：

> 自武、昭以後，先秦古書傳世益少，其存者往往歸於秘府，於是古文之名漸爲壁中書所專有。

事實上致使「古書」益少、「古文」專指的要因，乃是寫書之官以漢隸抄寫文本。因此溝通「古」、「今」也是寫書之官的工作成果。

〔註56〕《全漢文》卷41引《七略》佚文。
〔註57〕王國維：《史記所謂古文說》，《觀堂集林》卷7，《王國維遺書》第四冊，上海古籍書店，1983年。

　　藏書之策與寫書之官的建置，保存並複製了大量文獻，加速了「獻」的知識卸載及其向「文」轉化的進程，對漢代文獻產生了重大影響。

4、立五經博士

　　博士為周秦舊官，漢時因襲。《漢書》卷 19《百官公卿表》說：

> 博士，秦官，掌通古今，秩比六百石，員多至數十人。武帝建元五年初置五經博士，宣帝黃龍元年稍增員十二人。

這裡有兩個問題需說明：

　　首先，五經博士之前，漢已承秦制立有博士，且所立不限儒家。如高帝以叔孫通為博士〔註 58〕，文帝以韓生、申公為博士〔註 59〕，景帝以轅固生、董仲舒、孔安國、胡毋生〔註 60〕及伏生的弟子張生〔註 61〕為博士；諸子傳說也「廣立於學官，為置博士」。甚至諸侯王國也有立博士的行為，如河間獻王劉德就「學舉六藝，立《毛氏詩》、《左氏春秋》博士」〔註 62〕。

　　其次，五經前博士所以見立，多是因其具備突出的才能。如申公以「為《詩》最精」為博士，韓生以「推詩之意而為內外傳數萬言，其語頗與齊魯間殊，然其歸一也……燕趙間言詩者由韓生」為博士，轅固生以「治詩」為博士，董仲舒、胡毋生以善《春秋》為博士，張生以傳《尚書》為博士。看來這些博士是因人而立，確切地說，是為了表示對人才的尊重而立。

　　武帝置五經博士則有著完全不同的背景。武帝之前以舉選賢良為主要內容的察舉制已經形成；武帝於建元元年冬十月「詔丞相、御史、列侯、中二千石、二千石、諸侯相舉賢良方正直言極諫之士」，標誌著這一制度的完全確立〔註 63〕。但是就在詔下的當即，丞相衛綰提出了「所舉賢良，或治申、商、韓非、蘇秦、張儀之言，亂國政，請皆罷」的建議並獲肯定〔註 64〕。不久〔註 65〕，董仲舒在賢良對策中表達了類似的意指：

〔註 58〕《史記》卷 99《劉敬叔孫通列傳》。
〔註 59〕分別見《史記》卷 121《儒林列傳》、《漢書》卷 36《楚元王傳》。
〔註 60〕《史記》卷 121《儒林列傳》。
〔註 61〕《漢書》卷 88《儒林傳》。
〔註 62〕《漢書》卷 53《景十三王傳》。
〔註 63〕黃留珠：《秦漢仕進制度》，第 81～87 頁，西北大學出版社，1985 年。
〔註 64〕《漢書》卷 6《武帝紀》。
〔註 65〕《漢書》卷 6《武帝紀》中將董仲舒以賢良對策的時間載於元光元年（西元前 134 年），但對照《董仲舒》傳，這一記載似為誤筆。《資治通鑑》卷 17 中把董仲舒以賢良對策提出「罷黜百家，獨尊儒術」諸事改記於建元元年（西元

《春秋》大一統者，天地之常經，古今之通誼也。今師異道，人異論，百家殊方，指意不同，是以上亡以持一統；法制數變，下不知所守。臣愚以爲諸不在六藝之科、孔子之術者，皆絕其道，勿使並進。邪辟之說滅息，然後統紀可一而法度可明，民知所從矣。

同樣得到了武帝的稱讚嘉獎〔註 66〕。二人所言與當年李斯焚書之諫的神似，預示著帝國將採取統一思想的政治手段。果然，至建元五年漢武帝即「置五經博士」，亮出了鮮明的倡儒旗幟。其後《春秋》博士公孫弘於元朔五年又上書請立博士弟子員曰〔註67〕：

聞三代之道，鄉里有教，夏曰校，殷曰序，周曰庠。其勸善也，顯之朝廷；其懲惡也，加之刑罰。故教化之行也，建首善自京師始，由內及外。今陛下昭至德，開大明，配天地，本人倫，勸學脩禮，崇化厲賢，以風四方，太平之原也。古者政教未洽，不備其禮，請因舊官而興焉。爲博士官置弟子五十人，復其身。太常擇民年十八已上，儀狀端正者，補博士弟子。郡國縣道邑有好文學，敬長上，肅政教，順鄉里，出入不悖所聞者，令相長丞上屬所二千石，二千石謹察可者，當與計偕，詣太常，得受業如弟子。一歲皆輒試，能通一藝以上，補文學掌故缺；其高弟可以爲郎中者，太常籍奏。即有秀才異等，輒以名聞。其不事學若下材及不能通一藝，輒罷之，而請諸不稱者罰。臣謹案詔書律令下者，明天人分際，通古今之義，文章爾雅，訓辭深厚，恩施甚美。小吏淺聞，不能究宣，無以明布諭下。治禮次治掌故，以文學禮義爲官，遷留滯。請選擇其秩比二百石以上，及吏百石通一藝以上，補左右內史、大行卒史；比百石已下，補郡太守卒史；皆各二人，邊郡一人。先用誦多者，若不足，乃擇掌故補中二千石屬，文學掌故補郡屬，備員。請著功令。他如律令。

對於這一建議武帝仍然曰「可」。至此五經博士制度臻於完備。

與之前相比，武帝時博士制度有以下三大特點：

第一、之前是因人立經，此爲因經求人。

前 140 年）冬十月；王先謙《漢書補注》中更明確指出「仲舒對策，實在建元元年，無可疑」。

〔註66〕《漢書》卷 56《董仲舒傳》。

〔註67〕《史記》卷 121《儒林列傳》。

第二、之前兼立諸子傳記，此時罷黜百家獨尊儒術。

第三、之前弟子受業博士係民間自發行為，無關朝制；自是「博士弟子始獲國家之優復，又列為仕途正式之出身」〔註68〕。

這些特點使得五經博士制度具有了中國政治史與學術史上的非凡意義。於政治而言，它細化了察舉制的內涵，奠定了中國古代文官制度的基礎；於學術而言，它使「經書」從此成為「中國封建專制政府『法定』的以孔子為代表的儒家所編著書籍的通稱」〔註69〕，從而激發了整個知識階層對於經書的熱望、擴大了經書的研習陣營，成為經學正式確立的標誌。經學是「文獻學中的最基本的部分」〔註70〕，是古文獻學的「中心」〔註71〕。五經博士設置之後的經學發展——包括發展過程中的今古文之爭和師法家法之爭——極大地推動了文獻學的繁榮與進步。

5、「宣佈圖讖於天下」

讖是一種富於神秘色彩的預言，《說文解字》釋之為「驗」，《四庫提要》卷六《易類》附錄釋之為「詭為隱語，預決吉凶」。

讖的起源很早，據現有文獻可溯至商周之際。如《墨子》卷5《非攻上》記：

> 赤鳥銜珪，降周之岐社，曰：「天命周文王伐殷有國。」

春秋時期，有所謂「秦讖」。如《史記》卷43《趙世家》載扁鵲言曰：

> 在昔秦繆公嘗如此（指生病），七日而寤。寤之日，告公孫支與子輿曰：「我之帝所甚樂。吾所以久者，適有學也。帝告我：『晉國將大亂，五世不安；其後將霸，未老而死；霸者之子且令而國男女無別。』公孫支書而藏之，秦讖於是出矣。

西漢前期，讖言以災異譴告的形式繼續出現。如《漢書》卷56《董仲舒傳》記董仲舒言曰：

> 臣謹案《春秋》之中，視前世已行之事，以觀天人相與之際，甚可畏也。國家將有失道之敗，而天乃先出災害以譴告之，不知自省，

〔註68〕 錢穆：《兩漢博士家法考》，《兩漢經學今古文平議》，第198頁，商務印書館，2001年。

〔註69〕 周予同：《經、經學、經學史》，朱維錚主編：《周予同經學史論著選集》，第650頁，上海人民出版社，1996年。

〔註70〕 周予同：《中國經學史講義》，上海文藝出版社，1999年。

〔註71〕 孫欽善：《中國古文獻學史》，上冊，第46頁，中華書局，1994年。

又出怪異以驚懼之，尚不知變，而傷敗乃至。

故鄭玄評價「《公羊》善於讖」〔註72〕。

五經獨尊之後，以讖說經所形成的獨特文字被稱之爲「緯」。《四庫提要》卷六謂「緯者經之支流，衍及旁義」。緯與讖同具非理性特徵，故往往合稱。其中有書有圖、多言符命，故又稱「圖讖」、「符命」。

哀平之際，漢朝出現嚴重的政治危機。劉氏政權風雨飄搖，王莽開始爲取而代之尋找理論依據。其所利用，除儒家經典中伊尹、周公故事之外，主要就是符命。從假皇帝到眞皇帝的途中，「告安漢公莽爲皇帝」、《天帝行璽金匱圖》、《赤帝行璽某傳予黃帝金策書》等有利篡權的符命時有呈獻，以至出現了「疏遠欲進者，並作符命」的荒唐局面〔註73〕。不僅如此，本傳中還有王莽主動徵求圖讖的記載：

> 徵天下通一藝教授十一人以上，及有逸《禮》、古《書》、《毛詩》、《周官》、《爾雅》、天文、圖讖、鍾律、月令、兵法、《史篇》文字，通知其意者，皆詣公車。

儘管新朝短暫，並且王莽後來意識到倒王陣營制符造讖的危害並採取嚴厲的禁止措施，但讖緯還是如爓火燎野，一發難收。

光武中興的過程中，讖緯也起到了推波助瀾的作用。據《後漢書》卷 1《光武帝紀》，劉秀在王莽未敗時既從宛人李通等「劉氏復起，李氏爲輔」之讖起兵；承繼大統的依據也是所謂《赤伏符》：

> 行至鄗，光武先在長安時同舍生彊華自關中奉《赤伏符》，曰「劉秀發兵捕不道，四夷雲集龍鬭野，四七之際火爲主。群臣因復奏曰：「受命之符，人應爲大，萬里合信，不議同情，周之白魚，曷足比焉？今上無天子，海內淆亂，符瑞之應，昭然著聞，宜答天神，以塞群望。」光武於是命有司設壇場於鄗南千秋亭五成陌。

在與公孫述爭奪天下的過程中，劉秀還認識到讖緯解釋的重要性。《後漢書》卷13《隗囂公孫述列傳》記載：

> 述亦好爲符命鬼神瑞應之事，妄引讖記。以爲孔子作《春秋》，爲赤制而斷十二公，明漢至平帝十二代，歷數盡也，一姓不得再受命。

〔註72〕 漢・鄭玄：《六藝論》，清・馬國翰：《玉函山房輯佚書》，上海古籍出版社，1990 年。

〔註73〕 《漢書》卷 99《王莽傳》。

又引《錄運法》曰：「廢昌帝，立公孫。」《括地象》曰：「帝軒轅受命，公孫氏握。」《援神契》曰：「西太守，乙卯金。」謂西方太守而乙絕卯金也。五德之運，黃承赤而白繼黃，金據西方為白德，而代王氏，得其正序。又自言手文有奇，及得龍興之瑞。數移書中國，冀以感動眾心。帝患之，乃與述書曰：「圖讖言『公孫』，即宣帝也。代漢者當塗高，君豈高之身邪？乃復以掌文為瑞，王莽何足效乎！君非吾賊臣亂子，倉卒時人皆欲為君事耳，何足數也。君日月已逝，妻子弱小，當早為定計，可以無憂。天下神器，不可力爭，宜留三思。」署曰「公孫皇帝」。述不答。

於是即位初就令「博通經記」的尹敏和「尤善說災異讖緯」的薛漢校定圖讖〔註74〕。中元元年（西元56年），光武帝「宣佈圖讖於天下」〔註75〕。這裡有兩點需要特別引起注意：第一，宣佈的內容顯然是國家校定過的標準版本；第二，宣佈的目的除推崇之外，還向世人昭示國家從此壟斷了對讖緯進行解釋、更改和造作的權利。

「宣佈圖讖於天下」後，讖緯成為官方意識形態。通曉、解說圖讖從而為政權提供服務成為當時知識份子的一項任務。不能勝此任者往往無法得到進用甚至有身家性命之虞。如桓譚曾以「今諸巧慧小才伎數之人，增益圖書，矯稱讖記，以欺惑貪邪，詿誤人主，焉可不抑遠之哉！臣譚伏聞陛下窮折方士黃白之術，甚為明矣；而乃欲聽納讖記，又何誤也」諫上，肺腑忠言卻令光武帝不悅。後又因表白「臣不讀讖」令帝大怒曰「桓譚非聖無法，將下斬之！」結果桓譚以老邁之軀「叩頭流血，良久乃得解」，但被貶為六安郡丞，擔驚受怕，卒於途中〔註76〕。又如鄭興、尹敏：

> 帝嘗問興郊祀事，曰：『吾欲以讖斷之，何如？』」興對曰：「臣不為讖。」帝怒曰：「卿之不為讖，非之邪？」興惶恐曰：「臣於書有所未學，而無所非也。」帝意乃解。興數言政事，依經守義，文章溫雅，然以不善讖故不能任。〔註77〕

> 帝以敏博通經記，令校圖讖……敏對曰：「讖書非聖人所作，其中多

〔註74〕《後漢書》卷79《儒林傳》。
〔註75〕《後漢書》卷1《光武帝紀》。
〔註76〕《後漢書》卷28《桓譚馮衍列傳》。
〔註77〕《後漢書》卷36《鄭范陳賈張列傳》。

近鄙別字，頗類世俗之辭，恐疑誤後生。」帝不納。敏因其闕文增
之曰：「君無口，爲漢輔。」帝見而怪之，召敏問其故。敏對曰：「臣
見前人增損圖書，敢不自量，竊幸萬一。」帝深非之，雖竟不罪，
而亦以此沈滯。〔註78〕

上舉三人都是博通多聞的著名學者，卻因不事讖緯而仕途坎坷，可見讖緯在
當權者心目中分量之重。

　　思潮「是一個時期思想領域內的主要傾向」〔註79〕。《後漢書》卷82《方
術列傳》記「王莽矯用符命，及光武尤信讖言，士之赴趣時宜者，皆騁馳穿
鑿，爭談之也……自是習爲內學，尚奇文，貴異數，不乏於時矣」，李賢注「內
學」爲「圖讖之書」，種種迹象表明讖緯就是東漢的社會思潮。在這一思潮影
響下，援讖注經、以讖附經成爲經學的重要特徵，如明帝曾「詔東平王蒼正
《五經》章句，皆命從讖」，其餘「俗儒……言五經者，皆憑讖爲說」〔註80〕。
讖緯與經學密不可分，以至於《隋志》在經部專列讖緯類，因此它也是漢代
文獻學的組成。

二、經濟因素

　　經濟因素雖然不是歷史發展過程中惟一決定性的因素，卻是上層建築的
必然基礎。漢初經濟凋敝，文景務在養民，故「稽古禮文之事，猶多闕焉」〔註
81〕。這個階段的文化建設，反倒是諸侯王先走一步，如淮南王劉安、梁孝王
劉勝廣延諸「獻」，河間獻王劉德搜求「善書」。究其原因，均是國用相對富
饒。至武帝初，國家終於摘掉了貧窮的帽子，《漢書》卷24《食貨志》對此有
生動的記載：

至武帝之初七十年間，國家亡事，非遇水旱，則民人給家足，都鄙
廩庾盡滿，而府庫餘財。京師之錢累百鉅萬，貫朽而不可校。太倉
之粟陳陳相因，充溢露積於外，腐敗不可食。眾庶街巷有馬，阡陌
之間成羣，乘牸牝者擯而不得會聚。

於是武帝才具備「罷黜百家，表彰六經」、重建官方文教機制的精力和物質條件。

〔註78〕　《後漢書》卷79《儒林列傳》。
〔註79〕　張豈之主編：《中國思想史》，第一版序，第2頁，西北大學出版社，2003年。
〔註80〕　《隋書》卷32《經籍志》。
〔註81〕　《漢書》卷6《武帝紀》。

經濟的發展對於文獻學的具體影響，主要表現在兩個方面：

首先是豐富了文獻的收藏。隨著經濟的恢復，國家在藏書方面的投入逐漸增長，從「天下只有《易》卜，未有它書」到「積如丘山」，這個過程本身就是對國家財政狀況的一種反映。西漢經劉氏父子校整的公藏圖書已達「603 家，13219 篇」〔註82〕，東漢圖書藏所出現「彌以充積」〔註83〕、「更倍於前」〔註84〕的盛況，都以一定的經濟實力為基礎。經濟好轉同時還為文獻私藏的發展準備了條件。劉向校《管子》時曾以卜圭所藏 27 篇與富參所藏 41 篇校中秘之藏〔註85〕，當時私藏可見一斑。東漢時私藏漸富，如杜林「少好學沈深，家既多書」〔註86〕、王和平「性好道術……有書百餘卷」〔註87〕等。尤其值得注意的是東漢出現了我國第一個有明確文獻記載的藏書達到萬卷的藏書家——蔡邕〔註88〕。蔡邕所藏，一是受賜於政府，《後漢書》卷 84《列女傳》載其女文姬有「昔亡父賜書四千許卷」之言；一是自己收集，如《後漢書》卷 49《王充傳》注載「充所作《論衡》，中土未有傳者，蔡邕入吾，始得之」。如果不具備相當的財力，收書數千卷屬不可想像。

其次是促進了文獻的流通。西漢末年圖書已經進入商品交易的市場，如當時的長安槐市就有定期舉行的圖書交易活動〔註89〕：

> 諸生朔望會此市，各持其郡所出貨物及經傳書記、笙磬樂器，相與
> 買賣，雍容相讓，或議論槐下。

專門經營圖書買賣的「書肆」業已出現，如揚雄曾說過「好書而不要諸仲尼，書肆也」〔註90〕。東漢書肆更為普及。《後漢書》載〔註91〕：

> 王充字仲任，會稽上虞人也，其先自魏郡元城徒焉。充少孤，鄉里
> 稱孝。後到京師，受業太學，師事扶風班彪。好博覽而不守章句。

〔註82〕 漢·劉向：《管子書錄》，清·姚振宗：《七略別錄佚文》，《快閣師石山房叢書》，浙江省立圖書館排印本，1932 年。又《全漢文》卷 37。

〔註83〕《隋書》卷 24《經籍志》。

〔註84〕《隋書》卷 49《牛弘傳》。

〔註85〕《隋書》卷 49《牛弘傳》。

〔註86〕《後漢書》卷 27《宣張二王杜郭吳承鄭趙列傳》。

〔註87〕《後漢書》卷 82《方術列傳》。

〔註88〕 李致忠、周少川、張木早：《中國典籍史》，第 347 頁，上海人民出版社，2004 年。

〔註89〕 何清谷：《三輔黃圖校釋》卷 5，中華書局，2005 年。

〔註90〕《法言·吾子》，中華書局《諸子集成》本，1954 年。

〔註91〕《後漢書》卷 49《王充王符仲長統列傳》。

> 家貧無書，常游洛陽市肆，閱所賣書，一見輒能誦憶，遂博通眾流
> 百家之言。

王充之外，因「家貧無書」而常常「至市間閱篇牘」以期憶誦的尚有著名學者荀悅〔註92〕。可見書肆不僅是書籍交易的場所，還是文化傳播的中轉站。

漢代政府所藏中秘之書管理嚴格，並不隨便外傳。如《漢書》卷100《敘傳》記「時書不布，至東平思王以叔父求太史公諸子書，大將軍白不許」；卷68《霍光金日磾傳》記霍光之子霍山因私抄秘書獲罪自殺，卷19《百官公卿表》記蒲侯蘇昌爲太常，也因以秘書借霍山而免官。因此以經濟發展爲前提的文獻私藏和流佈，對於文獻研習具有重要意義。

三、科技因素

科技進步是人類進步的重要標誌。漢代科技進步對於文獻學的最大影響，是促發了文獻史上影響深遠的載體革命。

周秦古籍的載體，包括甲骨、金石、簡牘、縑帛，其中以簡、帛居多，故有「書於竹帛」之成語。直至兩漢，簡帛仍在文獻傳承中發揮著巨大作用。但「縑貴而簡重」、縑易腐裂而簡易散斷。隨著文獻數量的增多，這些不利面也日益凸顯。因此尋找更爲進步的載體成爲時代面臨的課題。

作爲一個名詞，「紙」字秦已有之，睡虎地秦簡《日書》中就可見一清晰的「紙」〔註93〕。作爲實物，西漢時期的紙也屢見考古發現。1934中國西北科學考察團在新疆羅布淖爾漢烽燧亭遺址發現西元前1世紀麻紙〔註94〕；1973年至1974年甘肅考古隊在額濟納河流域漢代居延地區的肩水金關駐軍遺址發現西漢紙兩片〔註95〕。其後1978年陝西扶風中顏村、1979年甘肅敦煌馬圈灣、1986年甘肅天水放馬灘、1990年甘肅敦煌甜水井懸泉置等遺址中均有西漢麻紙發現〔註96〕。其中放馬灘紙上繪有地圖，時間約在文景時期，

〔註92〕《太平御覽》卷613。
〔註93〕錢存訓：《造紙術起源新證：試論戰國秦簡中的紙》，《文獻》2002年第1期。
〔註94〕黃文弼：《羅布淖爾考古記》，第168頁，中國西北科學考察團叢刊，1948年。
〔註95〕甘肅居延考古隊：《居延漢代遺址的發掘和新出土的簡冊文物》，《文物》1978年第1期。
〔註96〕參見潘吉星：《中國造紙史話》，第10～17頁，商務印書館，1998年。又潘吉星：《中國科學技術史·造紙與印刷卷》，第46～57頁，科學出版社，1998年。

是為現存最早紙質文獻。結合傳世文獻中的有關記載，如《漢書》卷 97《外戚傳》記「（籍）武發篋中，有裹藥二枚，赫蹏書」、顏師古注引應劭稱「赫蹏，薄小紙也」等，可知西漢前期人們已經掌握紙的製造技術，並偶爾以之充當簡帛的替身。

紙的偶為文獻載體的局面在東漢時期得到改變。《後漢書》卷 78《宦者列傳》載：

> 蔡倫字敬仲，桂陽人也。以永平末始給事宮掖，建初中，為小黃門。……倫有才學，……永元九年，監作秘劍及諸器械，莫不精工堅密，為後世法。自古書契多編以竹簡，其用縑帛者謂之為紙。縑貴而簡重，並不便於人。倫乃造意，用樹膚、麻頭及敝布、魚網以為紙。元興元年奏上之，帝善其能，自是莫不從用焉，故天下咸稱「蔡侯紙」。

文中可知蔡倫是當時的一名科技人才，其對於造紙的貢獻，是「新原料的採用和製造方法的改進」〔註97〕。新原料的採用降低了紙的成本，製造方法的改進改善了紙的品質，這些都為紙的廣泛使用準備好了前提。相對於「縑貴而簡重」，紙的優越性已漸為眾目所睹。順帝時學者崔瑗《致葛龔書》言「今送《許子》十卷，貧不及素，但以紙耳」〔註98〕，就是對紙之能用而價廉的說明。因此紙已呈與簡帛分天下之勢。古書稱簡為篇，稱帛、紙為卷。《漢志》所錄四分之三稱篇，四分之一稱卷。《二十五史補編》各種補後漢《藝文志》所錄，則篇、卷各半。其中所增之卷，應是紙質文獻。雖然由於歷史的慣性，東漢時期紙並未取簡帛而代之，但已經奏響了載體革命的序曲。紙對文獻的產生與流佈起到了難以估量的巨大作用。從此，歷史文獻步入了一個新的時期。

第二節　校讎學

「校讎」一詞，語出劉向。《列子敘錄》言〔註99〕：

> 所校中書《列子》五篇，臣向謹與長社尉臣參校讎太常書三篇，太史書四篇，臣向書六篇，臣參書二篇。

〔註97〕 錢存訓：《書於竹帛》，第 116 頁，上海書店，2004 年。
〔註98〕 唐・歐陽詢等：《藝文類聚》卷 31 引，中華書局，1965 年。
〔註99〕 清・姚振宗：《七略別錄佚文》，《快閣師石山房叢書》，浙江省立圖書館排印本，1932 年。

《別錄》又言：

> 一人讀書，校其上下，得謬誤爲校；一人持本，一人讀書，若怨家
> 相對，故曰讎也。

似乎專指後人所謂「校勘」。但劉向校書過程中產生了編目和整理版本的學術自覺，其校書成果也以目錄的形式出現，目錄、版本、校勘在漢代實爲並蒂三蓮。

一、目錄

「目」在甲骨文與金文中均象眼睛之形。後用以指網上的網眼，與「綱」相對有了細緻而有條理的涵義，如《呂氏春秋・用民》所說「壹引其綱，萬目皆張」。《論語・顏淵》記「顏淵問仁。子曰：『克己復禮爲仁。』請問其目，子曰：『非禮勿視，非禮勿聽，非禮勿言，非禮勿動。』」其中「克己復禮爲仁」可視爲綱，而「非禮勿視，非禮勿聽，非禮勿言，非禮勿動」就是細目、條目。這個意義運用在文獻上，即有「書目」、「篇目」之稱。《漢志》總序說劉向「輒條其篇目」，《孟子題辭》說「其篇目各自有名」。

新中國漢字簡化前目錄之「錄」作「録」。《說文解字》金部有「録，金色也」，录部有「錄，刻木錄錄也」。章炳麟《小學答問》說「録，金色。凡若記錄者，借爲『刻木錄錄』之錄。古者書契，本刻木爲之」。古者刻木記事，而刻木要用刀，因而後來轉用「錄」字來表達記載的意思〔註100〕。從《公羊傳・隱公十年》「《春秋》錄內而略外」可知它還有「詳細記錄」之義。《漢志》載「武帝時，軍政楊僕捃摭遺逸，紀奏《兵錄》」，《兵錄》就應是對於兵書情況的詳細記錄。劉向校書時「每一書已，向輒條其篇目，撮其旨意，錄而奏之」，錄始指對書之篇目和一書大意的記錄說明。（「録」字意義已做交代，爲行文字體一致，以下用「錄」字。）

目錄合稱，始自劉向、劉歆父子。如劉向《別錄》有《列子目錄》〔註101〕，劉歆《七略》有「《尚書》有青絲編目錄」〔註102〕，班固敍《藝文志》

〔註100〕 參見周少川：《古籍目錄學》，第3～4頁，中州古籍出版社，1996年。

〔註101〕 南朝梁・蕭統選，唐・李善注：《文選》卷22王康琚《反招隱詩》李善注引，京華出版社，2000年。

〔註102〕 南朝梁・蕭統選，唐・李善注：《文選》卷任昉《爲范始興求立太宰碑表》李善注引，京華出版社，2000年。

也說「劉向司籍，九流已別，爰著目錄，略序鴻烈」〔註 103〕。其實據劉向自言「臣向所校《戰國策》書錄」、「臣向所校中《孫卿》書錄」、「臣向所校《列子》書錄」等，可知「向但自名爲錄，實兼包篇目指意二者言之」〔註104〕。故以「錄」概括目錄，是當時的通常做法。

應該說在目錄之名出現之前，已經有了目錄工作。如《易傳》中有《序卦傳》，余嘉錫以爲「篇中條列六十四卦之名，蓋欲使讀者知其篇第之次序，因以著其編纂之意義，與劉向著錄『條其篇目撮其旨意』之例同。目錄之作，莫古於斯」〔註105〕。但《序卦傳》針對專書且條旨不清，因而難以成爲目錄學的形成標識。

以部勒群書、辨章學術爲基本特點的目錄學，其淵源，是周秦時期的文獻分類；其首發，是司馬遷的《太史公自序》；其規模初具，則在劉向、劉歆時期。

周秦時期的文獻分類問題，本文第一章已專門論及。儘管當時這種行爲的目的只是爲了對學術分類進行，並不具備文獻學的自覺，但它客觀上部分解決了不斷增長的大量文獻與人們對它的特定需要之間的矛盾，因而爲目錄學的產生做了準備。到西漢前期，司馬談對以往學術進行系統總結、撰寫《論六家要指》時，不僅首次以「竊觀」於文獻而提煉出的各家特點將天下學術分爲陰陽、儒、墨、名、法、道德六類，並且已經開始正面討論文獻問題，如「夫儒者以六藝爲法。六藝經傳以千萬數，累世不能通其學，當年不能究其禮，故曰『博而寡要，勞而少功。』若夫列君臣父子之禮，序夫婦長幼之別，雖百家弗能易也」〔註106〕。

《太史公自序》即《史記》一書的完整目錄。全篇據內容可分爲兩大部分。第一部分作者自述家世、學問、仕途、思想、編書宗旨、編纂經過等；第二部分列全書序目，分別介紹一百三十篇的內容要旨以及篇名，「目」「錄」具全。二者其實就是全書的大小序。《太史公自序》雖爲一書目錄，但《史記》書分五體，五體各成體系。合五體之目錄，已近似於群書分類目錄，因

〔註103〕《漢書》卷 100《敘傳》。

〔註104〕余嘉錫：《目錄學發微》，《余嘉錫說文獻學》，第 20 頁，上海古籍出版社，2001年。

〔註105〕余嘉錫：《目錄學發微》，《余嘉錫說文獻學》，第 79 頁，上海古籍出版社，2001年。

〔註106〕《史記》卷 130《太史公自序》。

此它為群書目錄的產生奠定了基礎。

漢成帝河平三年（西元前 26 年），劉向以光祿大夫的身份受詔「校中秘書」，主持皇家圖書的整理事宜。劉向（西元前 77 年～前 6 年），本名更生，字子政，楚元王劉交五世孫。「為人簡易，無感儀，廉靖樂道，不交接世俗，專積思於經術，盡誦書傳，夜觀星宿，或不寐達旦」〔註 107〕。元帝時因用陰陽災異推論時政得失並彈劾外戚宦官專政誤國，兩次入獄。成帝即位，復進用，更名向。出於難以自明的學術興趣和文化責任，同時繼承前賢業已取得的學術經驗，劉向開始其自覺的目錄學工作。工作分兩步進行：第一，為所校每一部書撰寫書錄，所謂「每一書已，向輒條其篇目，撮其旨意，錄而奏之」；第二，將所撰各書書錄彙集類編，形成目錄專書，所謂「別集眾錄，謂之《別錄》」〔註 108〕。劉向校書十八年，其間陞遷中壘校尉，但事業未竟，於成帝綏和元年（西元前 8 年）去世。一直隨其左右的幼子劉歆先「復為中壘校尉」，又「遷騎都尉、奉車光祿大夫」，「復領《五經》，卒父前業」〔註 109〕。關於劉向、劉歆父子繼業的情況，《楚元王傳》載「歆乃集六藝群書種別為《七略》」；《漢志》載「歆於是總群書而奏其《七略》，故有《輯略》、有《六藝略》、有《諸子略》、有《詩賦略》、有《術數略》、有《方技略》」；阮孝緒《七錄序》中說得更加清楚：

> 昔劉向校書，輒為一錄，論其指歸，辯其訛謬，隨竟奏上，皆載在本書。時又別集眾錄，謂之《別錄》，即今之《別錄》是也。子歆撮其指要，著為《七略》。其一篇即六篇之總最，故以輯略為名，次六藝略、次諸子略、次詩賦略、次數術略、次方技略。

據以上記載可知《別錄》是《七略》的母本，《七略》是對《別錄》的濃縮和總結。《別錄》、《七略》在北宋早期目錄《崇文總目》已不見著錄，據此可以推測二書在唐末五代之後亡佚。所幸《別錄》中《戰國策》、《荀子》、《晏子》、《管子》、《鄧析子》、《韓非子》、《列子》、《說苑》、《山海經》九種單書書錄今傳〔註 110〕，可據以管中窺豹。而《七略》的大概則賴班固的卓識得以借《漢志》流傳。《漢志》之於《七略》，以班固自己的原話是「刪其要以

〔註 107〕《漢書》卷 36《楚元王傳》。

〔註 108〕《七錄序》。

〔註 109〕《史記》卷 36《楚元王傳》。

〔註 110〕關於今存《別錄》的篇目，學界有不同意見。此從余嘉錫說。詳見《目錄學發微》，《余嘉錫說文獻學》，第 26～27 頁，上海古籍出版社，2001 年。

備篇籍」〔註111〕，它基本保存了《七略》的原貌，堪稱《七略》的再版。當然「再版」過程中也有一些細節上的變化，主要包括以「入」爲標識新增劉向、揚雄、杜林三家在西漢末寫就的著作五十篇（如六藝略書類「入劉向《稽疑》一篇」，小學類「入揚雄、杜林二家二篇」等）；以「出」、「入」爲標識對原來歸類進行調整（如出兵書略兵權謀類「出《司馬法》百五十五篇入禮也」，諸子略「出《蹴鞠》二十五篇」入兵書略兵技巧等）；以「省」爲標識刪去與其他略著錄重複的著錄（如兵書略「省十家二百七十一篇重」）。對於目錄學而言，班固看似無爲，其實爲莫大焉。正因他創立了史志目錄且不掠人美，才使得劉氏父子的偉大成就得以承傳。

　　《漢志》是劉向、劉歆和班固這三位文獻大家集體智慧的結晶，尤其是劉氏父子學術精華的體現。通過對《漢志》及《別錄》、《七略》遺文的分析，可知正式形成於劉氏父子的漢代目錄學主要包括以下內容：

1、按照學術發展狀況和圖書內容性質部次群書，形成兩級目錄

《漢志》所見類目如下：

> 六藝略：易、書、詩、禮、樂、春秋、論語、孝經、小學。
>
> 諸子略：儒家、道家、陰陽家、法家、名家、墨家、縱橫家、雜家、農家、小說家。
>
> 詩賦略：屈原賦之屬、陸賈賦之屬、孫卿賦之屬、雜賦、歌詩。
>
> 兵書略：兵權謀、兵形勢、兵陰陽、兵技巧。
>
> 術數略：天文、曆譜、五行、蓍龜、雜占、形法。
>
> 方技略：醫經、經方、房中、神仙。

共 6 大類、38 小類，基本揭示了當時學術和文獻的全貌。

　　需要注意的問題是，以往學者多以《七略》爲最早的群書分類目錄。事實上劉向在其《別錄》中一定也對群書進行了分類。圖書在校理工作開始時已經分爲「六略」，包括他自己負責的「經傳、諸子、詩賦」、步兵校尉任宏

〔註111〕「刪其要」之「刪」，當是反訓。《說文》：「刪，剟也。從刀冊，冊，書也」，段注：「凡言刊剟者，有所棄即有所取。如《史記·司馬相如列傳》曰：『故刪取其要，歸正道而論之。』刪取猶節取也。謂去其侈靡過實，非義理所尚，取其天子茫然而思己下也。既錄其全賦矣，謂之刪取，何也？言錄賦之意，在此不在彼也。《藝文志》曰：『今刪其要，以備篇籍』，『刪其要』謂取其要也。不然，豈劉歆《七略》之要，孟堅盡刪去之乎？」

負責的「兵書」、太史令尹咸負責的「數術」以及侍醫李柱國負責的「方技」。何劉向不憚其煩再混作一團！正因它確已分類，且極有可能也有如「輯略」一般的概括性文字，《隋志》才在「今存」的情況下著之爲「《七略別錄》」。但顯然《七略》對圖書的分類更爲細緻，故有「剖判百家」之譽〔註112〕。二級目錄的出現，很可能是劉歆的貢獻，否則對《別錄》而言難稱「種別」。

2、撰寫敍錄、總序及大小序

記載和佚文均說明劉向、劉歆撰有各書敍錄。從現存《別錄》九篇看，劉向的敍錄內容完整，除著錄書名篇目外，還包括敍述校勘經過、介紹著者生平學術、討論書籍性質、價值等，相當於一書的簡介。佚文所反映的《七略》敍錄似乎相對簡單。如《漢志》顏師古注引《七略》記「（馮）商，陽陵人，治《易》，事五鹿充宗，後事劉向，能屬文。後與梁、柳俱待詔，頗序列傳未卒，病死」，《文選》卷43劉歆《移書讓太常博士》李善注引《七略》記「《論語》家近琅邪王卿不審名，及膠東庸生皆以教」等。《漢志》中敍錄以更爲精簡的「附注」形式出現，原因主要有兩點：之一，《漢志》原非目錄專書而只是史書的一個組成部分，囿於篇幅，「修史之體不得不然」〔註113〕。之二，馬史班書中多有著述家列傳——劉向書錄多用《史記》原文〔註114〕，而《漢書》諸傳有多引劉向之言〔註115〕，故班氏以史家之觀點認爲藝文、列傳可詳略互見，「是以《諸子》、《詩賦》、《兵書》諸略，凡遇史有列傳者，必注『有列傳』三字於其下，所以使人參互而觀也」〔註116〕。

《七略》中的《輯略》是「六略之總最」、「諸書之總要」，是全書的總序。另據《七略》佚文中有「《詩》以言情，情者信之符也。《書》以斷言，斷者義之證也」〔註117〕可知《七略》也有各略之序。垷見《漢志》總序及大小序承自劉歆，分別對六略三十八種大小類目的意義與學術源流、六略的相互關

〔註112〕隋・虞世南：《北堂書鈔》卷99引《劉歆集序》，天津古籍出版社，1988年。

〔註113〕余嘉錫：《目錄學發微》，《余嘉錫說文獻學》，第44頁，上海古籍出版社，2001年。

〔註114〕如《管子書錄》、《韓非子書錄》幾乎全用《史記》本傳。

〔註115〕姚振宗認爲「班氏既取《七略》以爲《藝文志》，又取《別錄》以爲《儒林傳》」，余嘉錫認爲「《漢書》諸著述家列傳多本之《別錄》」。見余嘉錫：《目錄學發微》，《余嘉錫說文獻學》，第38頁。

〔註116〕清・章學誠：《校讎通義・漢志六藝篇》，北京古籍出版社，1956年。

〔註117〕《初學記》卷21引。

係和六略書籍的用途進行說明和闡述，成爲辨章學術的指南。

漢代目錄學的主要成就，在於創立了目錄的編制程式和體例，著錄了數以萬卷計全面反映西漢末年社會文獻財富的圖書，引起了歷代封建王朝對建立公藏圖書機構以保管圖書並編纂官修目錄的關注，也爲學者指明了學術門徑——如龔自珍言〔註118〕：「微夫劉子政氏之目錄，吾其如長夜乎？」

二、版本

「版本」一詞的出現大概要晚到宋代，但版本問題幾乎與文獻孿生。由於受到複製手段落後的局限，早期文獻一經流傳就會形成不同的版本。隨著流傳時空的延展，這個問題日益凸顯。如孔、墨之後出現「儒分爲八，墨離爲三」就與對文獻的「取捨相反不同」有很大的關聯。又如晉之史記「晉師己亥涉河」至衛已讀爲「晉師三豕涉河」〔註119〕。秦火楚炬更燔燒了文獻的固定形態，因此漢興後「往往間出」至「積如丘山」過程中同一文獻版本各異的情況尤爲多見。就文本而言，差異主要表現在兩個方面。第一是字體不同。當時書籍既有用六國系統文字抄寫、也有用承接秦系文字的漢隸抄寫。以《古文尚書》爲例，班固說「孔氏有《古文尚書》，孔安國以今文字讀之，因以起其家逸書」〔註120〕，而「以今文字讀之」，就是「依今文校讎古文，並進而以今文寫定古文」〔註121〕，如此則《古文尚書》在孔安國一人手裏就至少形成了兩種版本。第二是文字不同。以《孝經》爲例，《漢志》孝經類序說「漢興，長孫氏、博士江翁、少府后倉、諫大夫翼奉、安昌侯張禹傳之，各自名家。經文皆同，唯孔氏壁中古文爲異。『父母生之，續莫大焉』，『故親生之膝下』，諸家說不安處，古文字讀皆異」，顏師古注亦引桓譚《新論》云「古《孝經》千八百七十二字，今異者四百餘字」，今古之異竟至四分之一。當今考古發現還爲我們提供了一書數本的實例——馬王堆漢墓中帛書就同時出了兩種不同版本《老子》。

版本的混亂給文獻的傳習帶來不便，也成爲漢代經今古文之爭或稱官私學術之爭的直接原因，因此引起了學者和政府的注意。漢代就文獻版本主要展開了四項工作：

〔註118〕清‧龔自珍：《六經正名答問》，《定庵文集補編》，《龔自珍全集》第一輯，第37頁，上海人民出版社，1975年。
〔註119〕《呂氏春秋‧察傳》。
〔註120〕《漢書》卷88《儒林傳》。
〔註121〕徐復觀：《中國經學史的基礎》，第126頁，臺灣學生書局，1982年。

1、求善本

漢初河間獻王劉德「從民得善書，必爲好寫與之，留其眞，加金帛賜以招之」，於是四方之人不遠千里，將「先祖舊書」奉至河間「以奏獻王」。劉安所得善書「皆古文先秦舊書」，包括「《周官》、《尚書》、《禮》、《禮記》、《孟子》、《老子》之屬」。張之洞《輶軒語》卷二《語學篇》言「善本之義有三：一曰足本，二曰精本，三曰舊本」。張氏此言雖就刻本出，但有普遍意義。從來源、徵求過程及後來發揮的作用看，劉德所得「善書」就是善本。《漢書》中的這條記載，也是我國古代搜求善本的最早記載。劉德的努力甚有成效，不僅「書」可敵國，還爲古文經提供了重要資源。

2、寫定本

武帝時「置寫書之官」，寫定了包括五經在內的大量文本，在數量和質量上都奠定了中秘藏書的基礎。成帝再求天下遺書後，責令劉向等人行校理之職，此舉的最終目的，仍然是追求定本。如現存書錄中多「以殺青」、「皆以定」、「可繕寫」語，據《風俗通》「謹案劉向《別錄》曰『殺青』者，直治竹作簡書之耳。新竹有汗，善朽蠹，凡作簡者，皆於火上炙乾之。陳、楚謂之汗，汗者，去其汁也。吳、越曰殺，殺亦治也。劉向爲孝成皇帝典校書籍二十餘年，皆先書竹，爲易寫定，可繕寫者上素也」〔註122〕，可知所校之書在校訂之後要另寫定本，包括簡策本和簡帛本。寫定本實際上就是立準則，這種做法對於具備國家文教法典性質的儒家經典顯然更有意義。於是東漢靈帝熹平四年，政府爲立定本更有驚世之舉。《蔡邕傳》記〔註123〕：

> 邕以經籍去聖久遠，文字多謬，俗儒穿鑿，疑誤後學，熹平四年，
> 乃與五官中郎將堂谿典，光祿大夫楊賜，諫議大夫馬日磾，議郎張
> 馴、韓説，太史令單颺等，奏求正定《六經》文字。靈帝許之，邕
> 乃自書丹於碑，使工鐫刻立於太學門外。於是後儒晚學，咸取正焉。
> 及碑始立，其觀視及摹寫者，車乘日千餘輛，填塞街陌。

熹平石經開國家採取刻石方式法定經書文字的先河，此後自魏至清多有仿傚之作。

〔註122〕南朝梁・蕭統選，唐・李善注：《文選》卷6左思《魏都賦》李善注引，京華
出版社，2000年。
〔註123〕《後漢書》卷60《蔡邕傳》。

3、備副本

周秦已有存副意識，但行動多為「貳之」。武帝寫書之官所寫之書既入秘府，又上太史公與丞相，劉向校書時還用「太常書」，可見國家所存已不止於「貳」。班固自述其叔祖父班斿「博學有俊材，左將軍史丹舉賢良方正，以對策為議郎，遷諫大夫、右曹中郎將，與劉向校秘書。每奏事，斿以選受詔進讀群書。上器其能，賜以秘書之副」〔註124〕。另賈逵因上書言「《左氏》以為少昊代黃帝，即圖讖所謂帝宣也」使章帝龍顏大悅，「帝嘉之，賜布五百匹，衣一襲，令逵自選《公羊》嚴、顏諸生高才者二十人，教以《左氏》，與簡紙經傳各一通」〔註125〕——受賜不僅中秘藏書，而且還是兩種版本的中秘藏書！可見國家藏書多有副本，甚至可理解為隨需備副。這是文獻保存的一大進步。

4、選底本

漢時並無「版本」一詞，劉向校書過程中出現「本」的概念。據《說文》「木下曰本」，可知本有根本之意。劉向所謂「一人持本，一人讀書」，「本」者，底本；「書」者，底本以外的其他版本。

長期以來，學界多以版本專指紙質文獻而言，認為其「廣義包括抄寫本和刻印本，狹義則僅指刻印本」〔註126〕，因而對於漢代版本問題鮮有提及。其實「版本的含義實為一種書的各種不同本子」，「關於圖書的發生和發展、各個本子的異同優劣」都是版本學的內容〔註127〕。漢代的版本意識及其引導下的版本工作，已經開版本學的先河，同時為文獻校勘提供了極為重要的資料。

三、校勘

校勘二字同義連用〔註128〕，先秦兩漢稱「校」或「校讎」，意為指出或校正文獻中存在的種種錯誤。文獻在流傳中不可避免地會出現諸如訛、脫、衍、倒、混等問題，這些問題對文獻內容的正確理解產生了極大影響。校勘因此成為必要。

〔註124〕《漢書》卷 100《敘傳》。
〔註125〕《後漢書》卷 36《鄭范陳賈張列傳》。
〔註126〕孫欽善：《中國古文獻學》，第 63 頁，北京大學出版社，2006 年。
〔註127〕顧廷龍：《版本學與圖書館》，《圖書館》1962 年第 1 期。
〔註128〕《說文解字》謂「勘，校也。」。

校勘之源始於先秦《國語‧魯語下》載魯大夫閔馬父對景伯說：「昔正考父教商之名頌十二篇於周大師。以《那》爲首。」孔子在整理六經的過程中必然會遭遇文獻的錯誤，因此必然從事過校勘工作。在「述而不作」、「多聞闕疑」方法論的指導下，孔子對於訛誤往往抱著審慎的態度點到爲止、不作輕易改動。一個著名的例子見於《公羊傳‧昭公十二年》：

> 春，齊高偃帥師納北燕伯於陽。伯於陽者何？公子陽生也。子曰：「我乃知之矣。」在側者曰：「子苟知之，何以不革？」曰：「如爾所不知何？《春秋》之信史也，其序則齊桓、晉文，其會則主會者爲之也，其詞則丘有罪焉耳。」

何休《春秋公羊解詁》對此有非常清晰合理的解釋：

> 子，孔子。乃，乃是歲也。時孔子二十三，具知其事，後作《春秋》，案史記，知「公」誤爲「伯」，「子」誤爲「於」，「陽」在，「生」刊滅闕。如，猶奈也。猶曰：「奈汝所不知何，寧可強更之乎？」此夫子欲爲後人法，不欲令人妄臆錯。子絕四：毋意，毋必，毋固，毋我。

孔子弟子中以文獻學見長的子夏也留下過成功而典型的理校事例〔註129〕：

> 子夏之晉過魏，有讀史記者，曰「晉師三豕涉河。」子夏曰：「非也。是己亥也。夫己與三相近，豕與亥相似。」至於晉而問之，則曰：「晉師己亥涉河」也。

西漢除挾書律後，眾書頗出。寫書之官雖對國家藏書進行了一定程度的整理並寫成大量中秘定本，但定本中仍然存在簡編斷朽、文字脫訛的缺陷。成帝「使謁者陳農求遺書於天下」，擴充藏量的同時又放大了缺陷。這種局面無疑影響到典籍的使用，故「孝成皇帝閔學殘文缺，稍離其眞」〔註130〕，「詔光祿大夫劉向校經傳諸子詩賦，步兵校尉任宏校兵書，太史令尹咸校數術，侍醫李柱國校方技」〔註131〕。中國歷史上第一次大規模的群籍校理工作就此展開。

最早對劉氏父子的校勘經驗進行深入總結的學者是清代國學大家章學誠，所撰《校讎通義》中予劉氏極高評價並提出了「宗劉」的主張。最早對

〔註129〕《呂氏春秋‧察傳》。
〔註130〕《漢書》卷36《楚元王傳》。
〔註131〕《漢書》卷30《藝文志》。

劉氏校讎學進行系統研究的現代學者是孫德謙，所撰《劉向校讎學纂微》〔註
132〕中列劉氏校讎方法為二十三項，全面但失於煩瑣。現據《別錄》、《七略》
遺文與《漢志》，同時參考章孫二氏成果對劉向校勘經驗進行總結。為便於
分析，先錄今存《別錄》中因完備而受到學界普遍重視的《列子書錄》中有
關校勘的部分於下〔註133〕：

天瑞第一

黃帝第二

周穆王第三

仲尼第四　　一曰極知

湯問第五

力命第六

楊朱第七　　一曰達生

說符第八

右新書定著八篇。護左都水使者、光祿大夫臣向言：所校中書《列
子》五篇，臣向謹與長社尉臣參校讎太常書三篇，太史書四篇，臣
向書六篇，臣參書二篇。內外書凡二十篇以校，除複重十二篇，定
著八篇。中書多，外書少，章亂佈在諸篇中，或字誤以「盡」為「進」，
以「賢」為「形」，如此者眾。及在中書有棧，校讎從中書已定，
皆以殺青，書可繕寫。

從中可知劉氏校勘分為六個步驟：

第一、選定底本

劉向校書底本都為中秘本，不僅校《列子》時選「中書《列子》五篇」，
例還見《管子書錄》「所校中《管子》書三百八十九篇」、《晏子書錄》「所校
中書《晏子》十一篇」等。其中原因，一是原本的任務就是整理國家公藏，
二是很多中秘之書經過寫書之官的整理已初具形態。

第二、廣備眾本

劉向校《列子》時用「太常書三篇」、「太史書四篇」以及自己和富參的

〔註132〕孫德謙：《孫隘堪所著書》第三冊，孫氏四益宧自刊本，1923年。
〔註133〕清・姚振宗：《七略別錄佚文》，浙江省立圖書館排印本，1932年。

私藏。另如校《晏子》時用「太史書五篇，臣向書一篇，參書十三篇」等。說明眾本早備。章學誠關於「劉向校讎中秘，有所謂中書，有所謂外書，有所謂太常書，有所謂太史書，有所謂臣向書、臣某書。夫中書與太常、太史書，則官守之書，不一本也；外與臣向、臣某，則家藏之書，不一本也。夫博求諸本，乃得讎正一書，則副本故將廣儲以待質也」〔註134〕的總結，縝密精闢。

第三、訂脫誤，標籤識

中書《列子》以「盡」爲「進」，以「賢」爲「形」，劉向俱更正之並「在中書有棧」。另如《晏子書錄》言「中書以『夭』爲『芳』、『又』爲『備』、『先』爲『牛』、『章』爲『長』，如此類者多，謹頗略榆」。「棧」、「榆」俱爲「籤」之異文〔註135〕，《說文解字》釋「籤」爲「表識書也」，可知劉向於訂誤之處有所標誌。

此外《漢志》易類序記「劉向以中《古文易經》校施、孟、梁丘經，或脫去『無咎』、『悔亡』，唯費氏經與古文同」，書類序記「劉向以中古文校歐陽、大小夏侯三家經文，《酒誥》脫簡一，《召誥》脫簡二。率簡二十五字者，脫亦二十五字；簡二十二字者，脫亦二十二字。文字異者七百有餘，脫字數十」。以中書古文校中書今文，劉向必然不便自行更改以使之劃一。劉向解決矛盾的方法，是「各存其本文而別著校勘之語」〔註136〕。如《周易》「明夷卦」中有「箕子之明夷」，《經典釋文》引劉向曰「今《易》『箕子』作『荄滋』」。此條校語雖爲這種情況的僅見，但足以說明劉向標立籤識的另一種方式。

第四、補缺去重，條定篇目

集外書十五篇與中書五篇對校之後，即補底本之不足，同時刪除重複，定著《列子》的篇目及其順序。另如「所校中書《晏子》十一篇……凡中外書三十篇，爲八百三十八章。除複重二十二篇、六百三十八章，定著八篇二百一十五章，外書無有三十六章，中書無有七十一章，中外皆有以相定」等。

〔註134〕清・章學誠：《校讎通義・校讎條理》，北京古籍出版社，1956 年。
〔註135〕余嘉錫：《古書通例》，《余嘉錫說文獻學》，第 244～245 頁，上海古籍出版社，2001 年。
〔註136〕余嘉錫：《古書通例》，《余嘉錫說文獻學》，第 244 頁，上海古籍出版社，2001 年。

姚振宗《別錄佚文》絮說「《晏子》、《孫卿子》、《列子》三書，敘奏之前，具載篇目，《藝文志》所謂條其篇目，撮其指意，其原書體質蓋如此」。考古發現「有的簡書原有標題，包括書題、篇題、章題等……而章題有時寫在章首的簡頭上」〔註137〕，這種體式與上舉《列子書錄》非常相似。

第五、存取別義

《列子書錄》首列的篇目中「仲尼第四」、「楊朱第七」下分別有「一日極知」、「一日達生」。孫德謙在經劉向校定的《韓非子》中發現了很多「一日」的例子，清人顧廣圻說「按『一日』者，劉向敘錄時所下校語也」〔註138〕。其目的，是存取尚有未可去除之異議。

第六、撰寫校勘記

上舉《列子書錄》部分就是一篇較為完整的校勘記錄。雖然文字簡略，但基本說明了校勘的過程。

除上引《列子書錄》可見線索外，劉向的校書工作還有一個內容，即確定書名。鑒於之前國家已有整理文獻、寫定正本的舉措，根據自己的想法確定書名或重定書名應屬個別現象。如《戰國策書錄》說：

> 中書本號或曰《國策》，或曰《國事》，或曰《短長》，或曰《事語》，或曰《長書》，或曰《修書》。臣向以為戰國時遊士輔所用之國為之策謀，宜為《戰國策》。

《說苑書錄》說：

> 所校中書《說苑雜事》及臣向書、民間書，誣校讎，其事類眾多，章句相濁，或上下謬亂，難分別次序。除去與《新序》複重者，其餘淺薄不中義理，別集以為百家後，以類相從，一一條別篇目，更以造新書十萬言以上，凡二十篇，七百八十四章，號曰《新苑》，皆可觀。

現代學者將校勘方式或分為存真、校異、訂訛三類〔註139〕，或分為定本式（指根據校勘的結果，把底本的誤字、衍文、脫文、倒置等錯誤改正過來，成為一本定本，在注中作記）、底本式（指不改動底本，在注中作校記，或書後附

〔註137〕李學勤：《簡帛佚籍與學術史》，第4頁，江蘇教育出版社，2001年。
〔註138〕清·顧廣圻：《韓非識誤》，參見自王欣夫：《王欣夫說文獻學》，第230頁，上海古籍出版社2000年。
〔註139〕參見戴南海：《校勘學概論》，陝西人民出版社，1986年。

校勘記）、箚記式（指不錄原書全文，只錄校記）三類〔註140〕。根據上文分析，劉氏校勘對此均有不同程度的涉及。因此中國文獻校勘學實應「宗劉」。

劉向等人取得的卓越校勘成就對於東漢政權而言，就像一個令人總想重溫的美夢。漢明帝時「以（傅）毅為蘭臺令史，拜郎中，與班固、賈逵共典校書」〔註141〕，安帝時鄧太后「博選諸儒劉珍等及博士、議郎、四府掾史五十餘人，詣東觀讎校傳記」〔註142〕，靈帝時蔡邕「校書東觀」〔註143〕……東漢以劉氏為基礎的接連不斷的校書活動，對於文獻的整理和文獻學的發展作出了巨大貢獻。

第三節　經學

本文第一章已經指出，所謂經典就是人們心目中具有重大價值的文獻。經典凝結了其創造者在長期歷史進程中所積累的生存經驗，並體現他們的價值觀。因此作為中華民族的早期經典，六經的內容原本是各個學派共同的文化背景和共用的知識資源。但是先秦儒家通過對這類經典文獻的系統整理使其基本定型並賴之完成了自家思想體系的構建，從而對其擁有了優先的話語權。從某種程度上說，這已經是一種文化壟斷。從此經學和儒學難分難解，以至後人斷言「經學開闢時代，斷自孔子刪定六經為始」〔註144〕。始雖始矣，當時卻只是子學的形態之一。至漢武帝立五經博士，五部經過儒家詮釋的上古三代文獻彙編成為官方確認的經典，其中所涵具的文化價值理念開始佔據傳統文化的主導地位，經學正式形成。

「經學」一詞首見於《漢書》兒寬傳〔註145〕：

> 兒寬，千乘人也。治《尚書》，事歐陽生。以郡國選詣博士，受業孔安國……及（張）湯為御史大夫，以寬為掾，舉侍御史。見上，語經學，上說之，從問《尚書》一篇。

據其中所記兒寬的學歷及武帝「說之，從問《尚書》」語，此處的「經學」似

〔註140〕參見錢玄：《校勘學》，江蘇古籍出版社，1988年。
〔註141〕《後漢書》卷80《文苑列傳》。
〔註142〕《後漢書》卷10《皇后紀》。
〔註143〕《後漢書》卷60《蔡邕傳》。
〔註144〕清・皮錫瑞著，周予同注：《經學歷史・經學開闢時代》，中華書局，1959年。
〔註145〕《漢書》卷58《公孫弘卜式兒寬傳》。

指《尚書》之學。但結合時代背景，「經學」已可作為五經之學的總稱。

　　詮釋五經經傳是漢代經學最基本的學術特徵。釋經專著數量類型增多（《漢志》所錄以「說」、「訓」、「章句」、「傳」、「故」等形式出現的解經作品有《易》13 家、《書》9 家、《詩》6 家、《禮》13 家、《春秋》23 家〔註 146〕），詮釋理念與詮釋方式趨於成熟，說明西漢已經形成了經典詮釋的高潮。相比之下，經籍之外的文獻注釋問題被忽略，現知僅有東漢趙岐《孟子章句》，高誘《戰國策注》、《呂氏春秋注》、《淮南子注》，王逸《楚辭章句》等幾種。經學無疑成為漢代文獻注釋學的大宗——它代表了當時注釋學的最高水準，甚至可以看作後者用以昭世的面孔。

　　漢代經學從學術陣營分，有今文家和古文家；從學術形式分，有章句和義理。

一、版本：經今古文的區分標準

　　關於今古文經學之間的差異，前人已做過大量分析。其中以周予同說最為詳細，現表列如下〔註 147〕：

今　文　經　學	古　文　經　學
崇奉孔子	崇奉周公
尊孔子為「受命」的「素王」	尊孔子為先師
以孔子為哲學家、政治家、教育家	以孔子為史學家
以孔子為「託古改制」	認為孔子「述而不作，信而好古」
以六經為孔子作	以六經為古代史料
以《春秋公羊傳》為主	以《周禮》為主
為經學派	為史學派
經的傳授多可考	經的傳授不大可考
兩漢都立於學官	兩漢多行於民間
盛行於西漢	盛行於東漢

〔註 146〕《漢志》小序所言家數、篇數多與所錄實情不合，其中緣由學界說法不一，
　　　　　詳見陳國慶：《漢書藝文志注釋彙編》，第 16 頁。中華書局，1983 年。此舉
　　　　　數字仍據《漢志》各類小序。
〔註 147〕參見朱維錚：《周予同經學史論著選集》，第 9 頁，上海人民出版社，1996 年。

| 斥古文經傳爲劉歆僞造 | 斥今文經傳爲秦火之餘 |
| 信緯書，以爲孔子微言大義間有所存 | 斥緯書爲誣妄 |

　　周說幾乎面面俱到，好像已從根本上對今古文經學進行了定性。但由於文獻記載的缺乏和牴牾，其中仍有一些問題得不到合理解釋。例如關於古文經學「崇奉周公」、以孔子「述而不作」的說法就難以令人信服——取《七略》之要而成的《漢志》明明說儒家「祖述堯舜，憲章文武，宗師仲尼」、使孔子越過周公直承聖統，《移讓太常博士書》也明明說「孔子憂道之不行，歷國應聘，自衛返魯……製作《春秋》」，而這兩種文獻的主要作者正是公認的、古文經學陣營中最爲勇猛的鬥士劉歆。因此這種定性並不周延。

　　其實從文獻學的角度看，今古文經最根本的區別在於使用的經書版本不同。武帝之前，文景已立博士中《詩》有魯申培、齊轅固、燕韓嬰，《書》有張生，《春秋》有胡毋生、董仲舒。武帝立五經時，《詩》相因未改，《書》改立兒寬的再傳弟子歐陽高〔註148〕，《禮》立高堂生經由徐生、蕭奮、孟卿再傳的后倉〔註149〕，《易》則立漢初田何經由丁寬再傳的田王孫〔註150〕，《春秋》雖在《穀梁傳》和《公羊傳》之間有過猶豫，但最終還是選擇了後者〔註151〕。由此可見三家詩、歐陽高所傳伏生《尚書》、田王孫所傳田何《易》、董仲舒

〔註148〕《漢書》卷88《儒林傳》：「歐陽生字和伯，千乘人也。事伏生，授倪寬。……歐陽、大小夏侯氏學皆出於寬。寬授歐陽生子，世世相傳，至曾孫高子陽，爲博士」；又「自武帝立五經博士。初，《書》唯有歐陽」。兒寬的老師歐陽生雖與張生、晁錯同爲伏生弟子，但已有家法之不同。
〔註149〕《漢書》卷88《儒林傳》：「漢興，魯高堂生傳《士禮》十七篇，而魯徐生善爲頌。孝文時，徐生以頌爲禮官大夫，傳子至孫延、襄。襄，其資性善爲頌，不能通經；延頗能，未善也。襄亦以頌爲大夫，至廣陵內史。延及徐氏弟子公戶滿意、桓生、單次皆爲禮官大夫。而瑕丘蕭奮以《禮》至淮陽太守。諸言《禮》爲頌者由徐氏。孟卿，東海人也。事蕭奮，以授后倉、魯閭丘卿。」
〔註150〕《漢書》卷88《儒林傳》說「《易》楊」，王國維《漢魏博士題名考》對此進行考證說「《易》家先師田何、楊何、田王孫，或同姓，或同名，故往往相亂。《史記·儒林傳》云『要言《易》者本於楊何』，《漢書》則作『要言《易》者本之田何』，此云《易》楊』亦當爲『《易》田』之訛。田王孫與楊何同爲田何再傳弟子，然楊出王同，田出丁寬，又楊何之傳爲司馬談、京房、梁丘賀；王孫之傳爲施讎、孟喜、梁丘賀。然各自名家，不得混而爲一。」
〔註151〕《漢書》卷88《儒林傳》：「瑕丘江公，受《穀梁春秋》及《詩》於魯申公，傳子至孫爲博士。武帝時，江公與董仲舒並。仲舒通《五經》，能持論，善屬文。江公吶於口，上使與仲舒議，不如仲舒。而丞相公孫弘本爲《公羊》學，比輯其議，卒用董生。」

所傳《春秋公羊傳》在武帝朝成爲經書的法定版本。這些就是今文經學賴以產生的最早文獻版本。這些版本的來歷，除《易》之外，主要是經過「獻」口耳相傳、在條件具備時書於竹帛、再經國家所置寫書之官寫成定本。如《公羊傳》的傳承路徑就是「子夏傳於公羊高，高傳於其子平，平傳於其子地，地傳於其子敢，敢傳於其子壽。至漢景帝時，壽及其弟子齊人胡毋子都著於竹帛」〔註152〕，武帝置寫書之官後再寫入秘府。由於不絕如縷，故今文經本的授受線索較爲可考。武帝之後的宣元時期對博士家數有所增改，但關於經書版本的情況大體如此。

古文經學所依據的文獻版本，是傳世或出土的經書古本。傳世本主要指《易》、《尚書》、《周官》、《禮》、《毛詩》和《左傳》。秦焚書時「所不去者，醫藥、卜筮、種樹之書」，而「《易》爲筮卜之事」，故《漢志》說它「傳之不絕」，除武帝時田王孫，「迄於宣、元，有施孟、梁丘、京氏立於學官，而民間有費、高二家之說。」《周官》、《尚書》、《禮》、《毛詩》、《左傳》則由河間獻王劉德最先搜及。《漢書》本傳列舉劉德所得古文舊書時雖未提到《毛詩》、《左傳》二書，但據劉德「從民得善書」後「留其眞」的習慣以及「立《毛氏詩》、《左氏春秋》博士」的舉動，其所收文獻中必有此二種。試想若無「文」或者「獻」，這兩個博士如何立得！劉德此舉甚至可能成爲《毛詩》與《左傳》不爲武帝所立的原因之一──隨著思想統一提上日程，地方學術勢力必然引起最高統治者的反感。西漢後期名臣杜業曾經說過這樣一段發人深省的話〔註153〕：

> 河間獻王經術通明，積德累行，天下雄俊眾儒皆歸之。孝武帝時，
> 獻王朝，被服造次必於仁義。問以五策，獻王輒對無窮。武帝艴然
> 難之，謂獻王曰：「湯以七十里，文王百里，王其勉之。」王知其意，
> 歸即縱酒聽樂，因以終。

武帝節引《孟子‧公孫丑上》中「以德行仁者王，王不待大，湯以七十里，文王以百里」的說法警告劉德，就流露出對後者「修學好古」、廣延文獻的反感和不放心。除河間之外，《禮》還保存在昔日的禮儀之地魯國。《漢志》載：「《禮》古經者，出於魯淹中，及孔氏學七十篇，文相似，多三十九篇。」

西漢古本出土見於記載的主要有三次。第一次是景帝時魯恭王壞孔子宅

〔註152〕《公羊傳注》何休序徐彥疏引戴弘序。

〔註153〕《史記》卷59《五宗世家》附南朝宋裴駰《史記集解》引《漢名臣奏》。

欲以廣其宮，結果得字體爲六國古文的《尚書》十六篇、逸《禮》三十九篇以及《禮記》、《春秋》、《論語》、《孝經》凡數十篇於壞壁之中〔註154〕。第二次是武帝末年「民有得《泰誓》於壁中者，獻之」〔註155〕。第三次是宣帝時「河內女子發老屋，得逸《易》、《禮》、《尚書》各一篇，奏之」〔註156〕。其中河內女子發老屋事史書未載，《泰誓》係僞作（詳見本章第三節），只有孔壁書成爲繼河間藏書之後古文經的又一個版本來源。

　　無論是傳世還是出土，古文經書發現後在民間流傳時應該都由「今文」重新寫定。所以「今文與古文的分別，其實不在字體的不同」，二者「流佈中的字體是相同的，即同爲隸書。今、古文的分別，乃在文字上有出入，及由文字上的出入而引起的解釋上的出入。有如今日同一部書，發現有兩種不同的版本」，「所以今、古文問題的本質，是一種校讎上誰對誰錯，誰較完備，誰較殘缺的問題」〔註157〕。以《尚書》爲例。司馬遷最早提到其今古文版本的來歷〔註158〕：

　　　　伏生者，濟南人也。故爲秦博士。孝文帝時，欲求能治《尚書》者，天下無有，乃聞伏生能治，欲召之。是時伏生年九十餘，老，不能行，於是乃詔太常使掌故朝錯往受之。秦時焚書，伏生壁藏之。其後兵大起，流亡，漢定，伏生求其書，亡數十篇，獨得二十九篇，即以教於齊魯之間。學者由是頗能言《尚書》，諸山東大師無不涉《尚書》以教矣。

　　　　……

　　　　孔氏有古文《尚書》，而安國以今文讀之，因以起其家。逸《書》得十餘篇，蓋《尚書》滋多於是矣。

班固在此基礎上有進一步的說明〔註159〕：

　　　　秦燔書禁學，濟南伏生獨壁藏之。漢興亡失，求得二十九篇，以教齊魯之間。訖孝宣世，有《歐陽》、《大小夏侯氏》，立於學官。《古

〔註154〕事見《漢書》卷30《藝文志》、卷36《楚元王傳》、卷53《景十三王傳》，《論衡・正說篇》，《說文解字敘》。
〔註155〕《尚書序》疏引《別錄》。
〔註156〕《論衡・正說篇》。
〔註157〕徐復觀：《中國經學史的基礎》，第127頁，臺灣學生書局，1982年。
〔註158〕《史記》卷121《儒林列傳》。
〔註159〕《漢書》卷30《藝文志》。

文尚書》者，出孔子壁中。武帝末（注意魯恭王劉餘死於武帝元朔二年即西元前 127 年，此年是武帝即位的第十三年，據《景十三王傳》，此應爲「景帝末」之誤），魯恭王壞孔子宅，欲以廣其宮，而得《古文尚書》及《禮記》、《論語》、《孝經》凡數十篇，皆古字也。……孔安國者，孔子後也，悉得其書，以考二十九篇，得多十六篇。安國獻之。遭巫蠱事，未列於學官。劉向以中古文校歐陽、大小夏侯三家經文，《酒誥》脫簡一，《召誥》脫簡二。率簡二十五字者，脫亦二十五字，簡二十二字者，脫亦二十二字，文字異者七百有餘，脫字數十。

從中可知二者版本的差別。篇目文字有異，爭論自然興起。

　　此外還有兩點需要注意：一是今文內部也存在版本不同的問題——如上文所引今文《尚書》就有歐陽與大小夏侯三家版本——因而它並非鐵板一塊，詮釋過程中多有師法家法之爭。二是古文經書在獻給國家存於秘府後引起了文化官員的研究興趣，因此雖未列學官，古文經學卻並非全然在野。如劉向在校書過程中發現中秘《左傳》後對之非常看重，用以「教授子孫」，以至府中「下至婦女，無不讀誦者」〔註 160〕，並且在上疏時開始引用〔註 161〕。劉歆更是「大好之」，以爲「《春秋》左氏丘明所修，皆古文舊書，多者二十餘通……以考學官所傳，經或脫簡，傳或間編。傳問民間，則有魯國桓公、趙國貫公、膠東庸生之遺學與此同，抑而未施。此乃有識者之所惜閔，士君子之所嗟痛也」〔註 162〕，開始爲之爭立學官，由此正式揭開了今古文之爭的幃幕。

二、章句和義理

　　章句之學和義理之學是漢代經學詮釋學的兩種重要形式。

　　兩漢解經之作名目繁多。其中通行的著述體例，近代馬宗霍歸納爲「傳、

〔註 160〕《新論·識通》。
〔註 161〕《漢書》卷 36《楚元王傳》引劉向上元帝疏中有「周室多禍，晉敗其師於貿戎，伐其郊；鄭傷桓王；戎執其使；衛侯朔召不住，齊逆命而助朔；五大夫爭權，三君更立……」語。對此楊樹達以爲「傷王事但見於《左氏傳》，《公》、《穀》二傳並無之。然則向雖持《穀梁》義，亦時兼持《左氏》之說也。」見楊樹達：《漢書窺管》卷四，上海古籍出版社，1984 年。
〔註 162〕《漢書》卷 36《楚元王傳》。

注、章句三者」〔註163〕，現代楊權歸納爲「傳、說、記、注、故、例、章句七體」〔註164〕。現予以簡單分析。

「傳」的含義，《漢志》春秋類序有詳細的解釋：「周室既微，載籍殘缺，仲尼思存前聖之業，乃稱曰：『夏禮吾能言之，杞不足徵也；殷禮吾能言之，宋不足徵也。文獻不足故也。足，則吾能徵之矣。』以魯周公之國，禮文備物，史官有法，故與左丘明觀其史記，據行事，仍人道，因興以立功，就敗以成罰，假日月以定歷數，藉朝聘以正禮樂。有所褒諱貶損，不可書見，口授弟子，弟子退而異言。丘明恐弟子各安其意，以失其眞，故論本事而作傳，明夫子不以空言說經也。《春秋》所貶損大人當世君臣，有威權勢力，其事實皆形於傳，是以隱其書而不宣，所以免時難也。」簡而言之，即先賢的「記事立論及解經」〔註165〕之作。在「傳」產生的同時，還出現了「記」。記是先秦的一種記言記事形式，多用於記史，因而一些「記事色彩較濃的說經之書便被稱爲記」〔註166〕，其重點在於補充傳所未能詳備的事件或言論。至於「說」，據春秋類序「及末世口說流行，故有公羊、穀梁、鄒、夾之傳」（本文以爲這句話中的「傳」實爲「流傳」之「傳」），最初也是經的解釋或輔助性著作，只不過出現稍晚並以「口說」賴「獻」而傳。河間獻王所收古籍中「經、傳、說、記」並立說明了四者之間的密切關係，皮錫瑞將之總結爲「孔子所定謂之經，弟子所釋謂之傳，或謂之記；弟子輾轉相授謂之說」，比較符合當初的實際〔註167〕。漢初，早期的說已俱爲「往古」之作，並且其中的一些（如《公羊》、《穀梁》）也都書於竹帛，故而俱稱爲傳。有些傳在武帝立五經時地位升至幾與「經」同高，也開始具有權威性。此後隨著經學的發展，各家開始出現既解「經」又釋「傳」的師說，《漢志》所錄產生於西漢中期以後的「說」多此類。此外「出於《尚書》、《春秋》兩經都有史的性質，所以《漢志》也稱解釋這兩種經傳的書爲記，錄有《五行傳記》、《公羊顏氏記》等。

《說文解字》釋「注」爲「灌」，其字原義是灌注。用於經注，賈公彥謂「注義於經下，若水之注物」〔註168〕。「故」通「詁」，是「訓故（詁）」

〔註163〕馬宗霍：《中國經學史》，第 56 頁，商務印書館，1936 年。
〔註164〕楊權：《〈白虎通義〉是不是章句》，《學術研究》2002 年第 9 期。
〔註165〕清・趙翼：《二十二史箚記》卷一，中國書店，1987 年。
〔註166〕楊權：《〈白虎通義〉是不是章句》，《學術研究》2002 年第 9 期。
〔註167〕清・皮錫瑞：《經學歷史》，第 67 頁，中華書局，1959 年。
〔註168〕漢・鄭玄注，唐・賈公彥疏：《儀禮注疏》「士冠禮」賈疏。清・阮元校刻《十

或「故（詁）」的簡稱。《說文解字》釋「訓」爲「說教」，段注「說釋而教之」；釋「詁」爲「訓故言」，段注「說釋故言」。可見「注」「故」都指解釋說明。其間區別，在於前者含有對內容的補充說明（「若水之注物」）、後者則著重於解釋字詞音義名物。

條例又稱「列」、「例」、「義例」，楊權以爲它「是一種以條列的形式歸納經傳要旨的注書」，並列舉見於記載的部分漢代條例作品如鄭眾《春秋記難條例》、賈徽《春秋左氏經傳朱墨列》、潁容《春秋左氏釋例》和荀爽《春秋條例》。《漢志》中未見關於「條例」、「列」、「例」或「義例」的著錄，現見於文獻記載的各種漢代條例，從書名上看，更像是對《春秋》或《左傳》的大綱性說解。「兩漢明確以條例爲名的注家，都屬於古文經學派」，很可能是古文經求別於今文章句而有意爲之；「都集中在春秋學」，是因爲《春秋》本爲史書，更需要也更容易進行條例性說明。

關於「章句」，李賢釋爲「離章辨句，委曲枝派」〔註169〕，焦循釋爲「既分其章，又依句敷衍而發明」〔註170〕，其意都指分篇爲章、析章爲句而後講解文義。經書初傳時並無章別句讀，離章辨句是後人讀懂它所需要的前提。因此在人們的記憶中，章句與經亦步亦趨，以爲「《詩》、《書》、禮、樂，定自孔子；發明章句，始於子夏」〔註171〕。是否始於子夏已難考明，但從邏輯上看，離章辨句的確是傳記師說、注故條列的第一步。（正因如此，它常常與其他注釋體例相混淆。如王鐵在《漢代學術史》中就認爲「章句相當於說」、「說與章句兩名可以互稱」〔註172〕；後來的《十三經注疏》也把《孟子章句》視爲注。）

綜上，章句是其他注釋體例的基礎，也是經傳詮釋中最爲根本的學術形式。

漢初「經典廢絕，本文略存，或無章句」。隨著博士制度的確立、博士弟子的設置，師法家法先後形成。所謂師法，指漢初經學確立過程中諸位大師解經釋傳的基本理念；所謂家法，是後來五經所立數家各自傳承過程中形成的基本觀點。二者爲源爲流〔註173〕，並無質的不同。但家法促進了章句的繁榮。各家

　　　　三經注疏》本，上海古籍出版社，1997年。

〔註169〕《後漢書》卷28《桓譚馮衍列傳》李賢注。

〔註170〕清·焦循：《孟子正義》卷一。《新編諸子集成》本，中華書局，1987年。

〔註171〕《後漢書》卷44《鄧張徐張胡列傳》。

〔註172〕王鐵：《漢代學術史》，第164頁，華東師範大學出版社，1995年。

〔註173〕清·皮錫瑞：《經學歷史》，第136頁：「師法者，溯其源；家法者，衍其流。」中華書局，1959年。

都有自己的章句，而武帝以後，家法越立越多——「至孝宣世，復立大小夏侯《尚書》，大小戴《禮》，施、孟、梁丘《易》，《穀梁春秋》。至元帝世，復立京氏《易》，平帝時，又立《左氏春秋》、《毛詩》、逸《禮》、古文《尚書》」〔註174〕，光武時「立《五經》博士，各以家法教授，《易》有施、孟、梁丘、京氏，《尚書》歐陽、大小夏侯，《詩》齊、魯、韓，《禮》大小戴，《春秋》嚴、顏，凡十四博士」〔註175〕，「儒者競復比誼會意，爲之章句，家有五六」〔註176〕。同時各家還要發展自己的章句以備相爭時防守進攻——如西漢中期夏侯建在學習《歐陽尚書》的過程中爲避免「爲學疏略，難以應敵」而「左右采獲……牽引以次章句，具文飾說」〔註177〕，東漢早期丁鴻跟隨桓榮學習《歐陽尚書》「三年而明章句，善論難」〔註178〕。章句的種類和內容因此越來越多。

作爲經學的基本形式，漢代章句具有以下特徵：

1、緊附闡釋對象，離章斷句後逐句逐章地解釋原文。今存東漢趙岐的《孟子章句》「既分其章，又依句敷衍而發明之……章有其旨，則總括於每章之末……疊詁訓於語句之中，繪本義於錯綜之內」〔註179〕，從中大致可以推見經傳章句的狀貌。

2、有派別門戶之分。班固「所學無常師，不爲章句」〔註180〕，「不爲章句」是無師、家之法的表現；徐防批評當時太學考試博士弟子時「不依章句」、「不修家法」〔註181〕，「家法」、「章句」爲一指；王充指出「說章句者……師師相傳」〔註182〕；夏侯建準備「應敵」；丁鴻善於「論難」：這些都反映出漢代章句師法家法之間存在壁壘。

3、日益繁瑣。「經有數家，家有數說」〔註183〕，家法的枝葉滋蔓和門派間的相互論難使章句走上了繁瑣士義的道路。如夏侯建的徒孫秦恭能把《尚

〔註174〕《漢書》卷88《儒林傳》。
〔註175〕《後漢書》卷79《儒林列傳》。
〔註176〕《風俗通義・序》，四部叢刊初編子部，上海商務印書館。
〔註177〕《漢書》卷75《眭兩夏侯京翼李傳》。
〔註178〕《漢書》卷75《眭兩夏侯京翼李傳》。
〔註179〕《後漢書》卷37《桓榮丁鴻列傳》。
〔註180〕《後漢書》卷40《班彪列傳》。
〔註181〕《後漢書》卷37《桓榮丁鴻列傳》。
〔註182〕《論衡・書解篇》。
〔註183〕《後漢書》卷35《張曹鄭列傳》。

書》章句寫到「百萬言」〔註184〕，其中「說《堯典》篇目兩字之誼至十餘萬言，但說「曰若稽古」三萬言」〔註185〕。其實繁瑣是西漢中後期經傳注釋的通病，如劉歆《移讓太常博士書》言：

> 往者綴學之士不思廢絕之闕，苟因陋就寡，分文析字，煩言碎辭，學者罷老且不能究其一藝。

《漢志》言：

> 古之學者耕且養，三年而通一藝，存其大體，玩經文而已，是故用日少而畜德多，三十而五經立也。後世經傳既已乖離，博學者又不思多聞闕疑之義，而務碎義逃難，便辭巧說，破壞形體；說五字之文，至於二三萬言。後進彌以馳逐，故幼童而守一藝，白首而後能言；安其所習，毀所不見，終以自蔽。此學者之大患也。

其議均未指明專就章句而發。只不過作為其他注釋體例的基礎，章句更易受到詬病。針對章句的膨脹，西漢後期起開始有刪減行為，如王莽時「省五經章句皆為二十萬言」〔註186〕，章帝時桓榮、桓郁父子將《尚書章句》從四十萬言刪簡至十二萬言〔註187〕，桓帝時張奐將《尚書牟氏章句》從四十五萬餘言減為九萬言」〔註188〕。

4、并非今文專有。據載，古文大家多不為章句，如揚雄「少而好學，不為章句」〔註189〕，桓譚「博學多通，遍習五經，皆訓大義，不為章句」〔註190〕，班固「博貫載籍……所學無常師，不為章句」〔註191〕，盧植「好研精而不守章句」〔註192〕等，似乎給人以「凡古文經學都不治章句」的印象，而事實並非如此。《楚元王》傳說「初，《左氏傳》多古字古言，學者傳訓故而已。及（劉）歆治《左氏》，引傳文以解經，轉相發明，由是章句義理備焉」，《盧植傳》說「植……少與鄭玄俱事馬融，能通古今學，……作《尚書章句》」，可見劉歆、盧植都曾於章句下過功夫。古文經學派家法觀念淡薄，其所不為不

〔註184〕《漢書》卷88《儒林傳》。
〔註185〕《新論・正經》。
〔註186〕《論衡・效力篇》。
〔註187〕《後漢書》卷37《桓榮丁鴻列傳》。
〔註188〕《後漢書》卷65《皇甫張段列傳》。
〔註189〕《漢書》卷87《揚雄傳》。
〔註190〕《後漢書》卷28《桓譚馮衍列傳》。
〔註191〕《後漢書》卷40《班彪列傳》。
〔註192〕《後漢書》卷64《吳延史盧趙列傳》。

守者，是指某常師所傳某固定章句，並非不用章句的方法。

　　章句主要解決的是經傳文本語言上的解讀問題，義理闡發關注的則是經傳通過文本語言所表達的思想。先秦《孟子》中出現了「理義」一詞。《告子上》中就用生動的比喻說明了聖人所遺「理義」的重要性：「口之於味也，有同耆焉；耳之於聲也，有同聽焉；目之於色也，有同美焉，至於心，獨無所同然乎？心之所同然者何也？謂理也，義也。聖人先得我心之所同然耳。故理義之悅我心，猶芻豢之悅我口。」這裡的「理義」從語義上看就是「義理」。孟子不僅認識到義理的重要，還有了追求義理的實踐。第一章提到的「不以文害辭，不以辭害志，以意逆志」就是他探尋《詩》之思想時遵循的原則。漢代「義理」之稱正式出現，如劉向《晏子書錄》中說「其書六篇，皆忠諫其君，文章可觀，義理可法」（此處「文章」意爲「文采章句」），《論衡‧謝短》說「夫儒生之業五經也，南面爲師，且夕講授章句，滑習義理」。義理與章句往往對舉，說明兩者之間的密切關係。首先，理解文本語言是詮釋文本思想不可忽略的基本程序，因而「分明章句」是「通達經旨」〔註193〕的前提。其次，「轉相發明」是章句發展的高級形式——如果拘泥於一章一句的微觀問題，必然會影響到對五經大義的整體把握和宏觀理解，以至「破碎大道」〔註194〕、「破壞大體」〔註195〕。事實上章句義理常常自覺地結合在一起，很難想像如果沒有理解基礎上的發揮，數字之解何至於十數萬言。只不過這些發揮可能未成體系，「如桑蠶食葉而不能抽絲」〔註196〕。

　　詮釋過程中系統的義理闡發，除需越過語言障礙外，要受到兩個關鍵因素的影響，即文本的思想和詮釋者的立場。人們多以發揮微言大義爲今文經學的特徵。今文經學之所以具此特徵，正取決於所據文本和所在立場。以今古義爭論的焦點問題春秋經傳闡釋爲例。首先，今文所據主要版本《公羊傳》與古文所據版本《左傳》的思想內容本來就存在很大差異。例如針對《春秋》所記「宋人執鄭祭仲」而逼其廢鄭昭公忽改立厲公突一事，《左傳》說〔註197〕：

　　　初，祭封人仲足有寵於莊公，莊公使爲卿。爲公娶鄧曼，生昭公，

〔註193〕《後漢書》卷37《桓榮丁鴻列傳》。
〔註194〕《漢書》卷75《眭兩夏侯京翼李傳》。
〔註195〕《後漢書》卷48《楊李翟應霍爰徐列傳》。
〔註196〕此借用章學誠語，原是章氏對「徵實太多，發揮太少」的批評，見《章氏遺書》卷九《與汪龍莊書》。
〔註197〕《左傳‧桓公十一年》。

故祭仲立之。宋雍氏女於鄭莊公，曰雍姞，生屬公。雍氏宗有寵於宋莊公，故誘祭仲而執之，曰：「不立突，將死。」亦執屬公而求賂焉。祭仲與宋人盟，以屬公歸而立之。

《公羊傳》說〔註198〕：

祭仲者何？鄭相也。何以不名？賢也。何賢乎祭仲？以爲知權也。其爲知權奈何？古者鄭國處於留。先鄭伯有善於鄶公者，通乎夫人以取其國，而遷鄭焉，而野留。莊公死已葬，祭仲將往省於留，塗出於宋，宋人執之。謂之曰：「爲我出忽而立突。」祭仲不從其言，則君必死，國必亡。從其言，則君可以生易死，國可以存易亡。少遼緩之，則突可故出，而忽可故反，是不可得則病，然後有鄭國。古人之有權者，祭仲之權是也。權者何？權者反於經，然後有善者也。權之所設，舍死亡無所設。行權有道，自貶損以行權，不害人以行權，殺人以自生，亡人以自存，君子不爲也。

前者只是實錄事件的前因後果；後者則大發宏論，迴護、表揚祭仲所謂善於權變的行爲。類似的例子很多，篇幅關係不再列舉。文本的意旨不同，詮釋者和文本發生交融時所產生的「意義」自然不同。《左傳》的實錄風格使古文學派在闡發義理時餘地較小；《公羊傳》對微言大義的宣揚則爲今文學派提供了寬廣的思路。其次，今古文學者的立場各不相同。詮釋立場指詮釋者詮釋行爲的出發點，它「在詮釋過程中爲詮釋規劃意義的生成方向；其內涵主要表現於道德和政治領域，並由後天積學而成」〔註199〕。公羊學早早立爲官學，爲當局提供理論支持成爲今文經學的使命和立場，因此從董仲舒到何休所大肆闡發的「大一統」、「張三世」、「通三統」以及「德治」等義理都與政治密切相關。古文經學長期在野，基本上沒有什麼政治地位，因此學者更多用力於深入經義本身。雖然賈逵也曾以《左傳》說讖〔註200〕，但其目的是證明《左傳》的優越性，「是不得已的做法」〔註201〕，並非借題發揮。

〔註198〕《公羊傳·桓公十一年》。

〔註199〕劉耘華：《詮釋學與先秦儒家之意義生成——〈論語〉〈孟子〉〈荀子〉對古代傳統的解釋》，第6頁，上海譯文出版社，2002年。

〔註200〕《後漢書》卷36《鄭范陳賈張列傳》載賈逵上疏章帝：「五經家皆無以證圖讖明劉氏爲堯後者，而《左氏》獨有明文。五經家皆言顓頊代黃帝，而堯不得爲火德。《左氏》以爲少昊代黃帝，即圖讖所謂帝宣也。如令堯不得爲火，則漢不得爲赤。」

〔註201〕嚴正：《漢代經學的確立與演變》，姜廣輝主編：《中國經學思想史》，第二卷，

第四節　辨僞學

文獻辨僞與作僞相伴而生。託古而作的僞書戰國時已經出現〔註202〕，因此「多聞闕疑」及「定誠」思想中已包含辨僞成分。到了漢代，一方面亂世中來的文獻「懸疣附贅，假託實繁」〔註203〕，統治需要所致的災異讖緯盛行亦使虛妄之說乘勢而起；另一方面大規模的文獻整理活動以及相對寬鬆的學術環境爲辨僞提供了有利條件。一些學者對僞說僞書展開了自覺考辨，萌芽於先秦的辨僞學得到進一步發展。

一、辨僞說

僞說指文獻中出現的不實之言。文獻記載中較早的辯僞說的學者是司馬遷。司馬遷在寫作《史記》的過程中廣搜素材，而來自「石室金匱」、實地調查、師友提供的資料中頗有僞說，對此司馬遷多予考辨。如「學者皆稱周伐紂，居洛邑」，司馬遷以爲「其實不然」，並列舉理由：「武王營之，成王使召公卜居，居九鼎焉，而周復都豐、鎬。至犬戎敗幽王，周乃東徙於洛邑。所謂『周公葬畢』，畢在鎬東南杜中。秦滅周。漢興九十有餘載，天子將封泰山，東巡狩至河南，求周苗裔，封其後嘉三十里地，號曰周子南君，比列侯，以奉其先祭祀」〔註204〕；又如「世之傳酈生書，多曰漢王已拔三秦，東擊項籍而引軍於鞏洛之間，酈生被儒衣往說漢王」，司馬遷以爲「非也」，因爲「自沛公未入關，與項羽別而至高陽，得酈生兄弟」〔註205〕；再如世人「言荊軻傷秦王」，司馬遷以爲「皆非也」，因爲當時在場的目擊證人夏無且等人描述的情景是匕首未中秦王而「中桐柱」〔註206〕；等等。《史記》之所以成爲學者心目中「辨而不華，質而不俚，其文直，其事核，不虛美，不隱惡」的「實錄」〔註207〕，與司馬遷對僞說的考辨密切相關。

劉向《別錄》對僞說亦有所辨。如《鄧析子書錄》言：「鄧析者，鄭人也。

第 27 頁，中國社會科學出版社，2003 年。

〔註202〕《漢志》中對這種情況多有記載。

〔註203〕明·胡應麟：《四部正訛》引言，《少室山房筆叢》卷 30，上海書店，2001年。

〔註204〕《史記》卷 4《周本紀》。

〔註205〕《史記》卷 97《酈生陸賈列傳》。

〔註206〕《史記》卷 86《刺客列傳》。

〔註207〕《漢書》卷 62《司馬遷傳》。

好刑名，操兩可之說，設無窮之辭，當子產之世，數難子產爲政。記或云，子產執而戮之。於《春秋左氏傳》，昭公二十年而子產卒，子太叔嗣爲政。定公八年，太叔卒，駟顓嗣爲政，乃殺鄧析而用其竹刑……竹刑，簡法也，久遠，世無其書。子產卒後二十年而鄧析死，傳說或稱子產誅鄧析，非也。」其中引《左傳》辨子產誅鄧析說之僞。

司馬遷、劉向之外辨僞說的代表性人物是王充。王充對虛妄之說深惡痛絕，因此高舉「疾虛妄」〔註208〕的旗幟，向文獻中的僞說發難。例如對孟子「盡信書不如無書」引發的「武王伐紂，兵不血刃」之說，他指出「二世之惡，隆盛於紂，天下畔秦，宜多於殷。案高祖伐秦，還破項羽，戰場流血，暴屍萬數，失軍亡眾，幾死一再，然後得天下。用兵苦，誅亂劇，獨云周兵不血刃，非其實也……察《武成》之篇，牧野之戰，血流浮杵，赤地千里。由此言之，周之取殷，與漢秦一實也。而云取殷易，『兵不血刃』，美武王之德，增益其實也……」〔註209〕；對《白虎通·災變篇》關於災變「所以譴告人君，覺悟其行，欲令悔過修德，深思慮」之說，他辯道「凡言譴告者，以人道驗之也。人道，君譴告臣，上天譴告君也。謂災異爲譴告，夫人道，臣亦有諫君，以災異爲譴告，而王者亦當有諫上天之義，其效何在」〔註210〕；等等。

司馬遷和王充辨僞說的基本方法，是「事有證驗，以傚實然」〔註211〕，這是韓非參驗之說的邏輯發展。

二、辨僞書

漢代的群書辨僞脫胎於大規模的文獻整理工作，其主要成果留存於以目錄爲形式的校讎學著作。《別錄》殘文中可見劉向辨語，如以「又有頗不合經術者，似非晏子言，疑後世辯士所爲者」辨《晏子》〔註212〕，以「至於《力命》篇一推分命，《揚子》之篇唯貴放逸，二者乖背，不似一家之書」辨《列子》〔註213〕，以「疑李悝及商君所說」辨《神農》〔註214〕。《漢志》班固自

〔註208〕《論衡·佚文篇》。
〔註209〕《論衡·語增篇》。
〔註210〕《論衡·自然篇》。
〔註211〕《論衡·知實篇》。
〔註212〕《晏子書錄》。
〔註213〕《列子書錄》。

注亦多見辨語，如：

> 《神農》二十篇。六國時，諸子疾時怠於農業，道耕農事，託之神農。

> 《文子》九篇。老子弟子，與孔子並時，而稱周平王問，似依託者也。

> 《伊尹說》二十七篇。其語淺薄，似依託也。

> 《天乙》三篇。天乙謂湯，其言非殷時，皆依託也。

> 《黃帝說》四十篇。迂誕依託。

> 《封胡》五篇。黃帝臣，依託也。

> 《風后》十三篇。圖二卷。黃帝臣，依託也。

> 《力牧》十五篇。黃帝臣，依託也。

> 《鬼容區》三篇。圖一卷。黃帝臣，依託。

> 《力牧》二十二篇。六國時所作，託之力牧。力牧，黃帝相。

鑒於《別錄》、《七略》、《漢志》間的關係，它們應是三者見解的總匯。

《別錄》和《漢志》所用的辨偽方法，包括以文辭辨，如「其語淺薄，似依託也」；以稱謂辨，如「天乙謂湯，其言非殷時，皆依託也」；以史實辨，如「老子弟子，與孔子並時，而稱周平王問，似依託者也」；以內容辨，如「迂誕依託」；以思想辨，如上舉辨《晏子》、《列子》、《神農》語。

目錄著作不僅對辨偽成果有所反映，還爲辨偽工作提供了依據。如史家班固有感於當時好事獵奇者對東方朔作品的附會，就羅列了東方朔的所有作品，考之《別錄》，得出「凡劉向所錄朔書具是矣，世所傳他事皆非也」〔註215〕的結論，劃清了東方朔作品的眞偽界限。

劉向、劉歆及班固之外，王充於群書尤其是經傳亦有考辨。《論衡‧對作》言「今《論衡》就世俗之書，訂其眞偽，辨其實虛」，又言「《論衡》實事疾妄」，可見《論衡》寫作的目的之一，即是疾偽書之妄。王充所辨，涉及五經。他指出經書失實的原因是「前儒不見本末，空生虛說；後儒信前師之言，隨舊述故，滑習辭語，苟明一師之學，趨爲師教授，及時蚤仕，汲汲競進，不

〔註214〕《漢志》「《神農》二十篇」下顏師古注引。
〔註215〕《漢書》卷65《東方朔傳》。

暇留精用心，考覈事實」〔註216〕，並著力具體的考辨。對於《尚書》，他指出《百兩尚書》之僞〔註217〕；關於《易》，他指出「伏羲作八卦，文王演爲六十四」之僞〔註218〕；關於《春秋》，他信其爲史疑其爲經，並疑《公羊》、《穀梁》之傳〔註219〕；關於禮，他對《儀禮》與《周禮》的成書年代產生了懷疑〔註220〕。王充的看法不盡正確，但其追求眞知的信念在辨僞學史上影響遼遠。

在專書辨僞方面，漢代學者也有斐然之績。西漢有過兩部著名的僞作，一是《泰誓》，一是《百兩尚書》。關於《泰誓》，劉向《別錄》說「武帝末，民有得《太誓》書於壁內者，獻之」；劉歆《移讓太常博士書》說「《泰誓》後得，博士集而讀之」，似也指得於武帝時；王充《論衡‧正說》說「孝宣皇帝之時，河內女子發老屋，得逸《易》、《禮》、《尚書》各一篇，奏之」；唐陸德明《經典釋文敘錄》說「漢宣帝本始中，河內女子得《太誓》一篇獻之」。綜合各家之說，大致在武帝宣帝之際，民間有人獻伏生所傳《今文尚書》和孔壁所出《古文尚書》中均無的《尚書‧泰誓篇》，政府得獻後組織專家對之進行了研討。關於《百兩尚書》，《漢書‧儒林傳》載：「世所傳《百兩篇》者，出東萊張霸，分析合二十九篇以爲數十，又采《左氏傳》、《書序》爲作首尾，凡百二篇」、「成帝時求其古文者，霸以能爲《百兩》復徵」；《論衡‧正說篇》載：「孝成皇帝時，徵爲古文《尚書》者，東海張霸案百篇之序，空造百兩之篇，獻之成帝」。兩者都事關《尚書》，有其背景。首先，《尚書》無論今古文均爲殘本，求全是政治和學術的共同心理；其次，《尚書》有出於壁中的先例，且伏生壁中所出與孔壁所出並不相同；第三，先秦文獻中出現過《泰誓》之名；第四，上古「政事之紀」〔註221〕數量眾多，人們關於傳說中孔子所編《尚書》篇目的記憶不甚清晰，如緯書《尚書璿璣鈐》中也說「孔子求書，得黃帝玄孫帝魁之書，迄於秦穆公，凡三千二百四十篇，斷遠取近，定可以爲世法者百二十篇，以百二篇爲《尚書》，十八篇爲《中候》，去三千一百二十篇」。這些都是作僞的依據。至於作僞動機，是射當局獎勵獻書之利。

《百兩尚書》因「文意淺陋」當即遭到懷疑，時正值劉向校書中秘，很

〔註216〕《論衡‧正說篇》。
〔註217〕《論衡‧正說篇》。又見同書《佚文篇》。
〔註218〕《論衡‧正說篇》。
〔註219〕《論衡‧正說篇》。
〔註220〕《論衡‧正說篇》。
〔註221〕《荀子‧勸學》。

快識破其僞面目〔註222〕，「霸罪當至死，成帝高其才而不誅」〔註223〕。《泰誓》的辨僞似乎還費了一番周折，前漢雖有眾博士集而讀之，但據文獻記載直到東漢馬融方辨其僞。《尚書正義·泰誓序》記馬融《書序》中相關辨語如下：

> 《泰誓》後得，案其文似若淺露。

> 「八百諸侯不召自來，不期同時，不謀同辭」，及「火復於上，至於王屋流爲鵰，至五，以穀俱來」，舉火神怪，得無在子所不語中乎？

> 又《春秋》引《泰誓》曰：「民之所欲，天必從之。」《國語》引《泰誓》曰：『朕夢協朕卜，襲於休祥，戎商必克。』《孟子》引《泰誓曰》：「我武惟揚，侵于之疆，取彼凶殘，我伐用張，于湯有光。」《孫卿》引《泰誓》曰：「獨夫受。」《禮記》引《泰誓》曰：「予克受，非予武，惟朕文考無罪；受克予，非朕文考有罪，惟予小子無良」。今文《泰誓》皆無此語。吾見書傳多矣，所引《泰誓》而不在《泰誓》者甚多，弗復悉記，略舉五事以明之，亦可知矣。

分析可知馬融從三個方面指出《泰誓》的疑點。第一，文辭淺露。所謂文辭淺露即指遣詞用句行文近於「當代」，較易識讀。第二，拼湊痕迹明顯。馬融專識其中「八百諸侯不召自來，不期同時，不謀同辭」及「火復於上，至於王屋流爲鵰，至五，以穀俱來」語，因爲這些內容多見於此前其他文獻〔註224〕。第三，掛一漏萬。早期文獻中所存《泰誓》佚文多不見。顧頡剛對於馬融評價極高，譽其辨語「可算做考據性的辨僞的第一聲」〔註225〕。

　　明代辨僞大家胡應麟在系統總結歷代辨僞成果的基礎上提出了著名的「辨僞八法」，包括「覈之《七略》以觀其源，覈之群《志》以觀其緒，覈之並世之言以觀其稱，覈之異世之言以觀其述，覈之文以觀其體，覈之事以觀

〔註222〕《漢志》載「以中書校之，非是」，未明校者；《經典釋文敘錄》引作：「成帝時，劉向校之，非是」。

〔註223〕《論衡·正說篇》。

〔註224〕如《呂氏春秋·有始覽·應同》有「文王之時，天先見火赤鳥銜丹書集於周社」，《史記》卷4《周本紀》中說「有火自上覆於下，至於王屋，流爲鳥，其色赤，其聲魄云。是時，諸侯不期而會盟津者八百諸侯。諸侯皆曰：『紂可伐矣。』武王曰：『女未知天命，未可也。』乃還師歸」。另據《史記》卷28《封禪書》索隱，《呂氏春秋》還有「有火自天止於王屋，流爲赤鳥，五至，以穀俱來」語，今本不見。

〔註225〕顧頡剛：《古籍考辨叢刊》第一集《序》，第3頁，中華書局，1955年。

其時，覈之撰者以觀其託，覈之傳者以觀其人」〔註226〕。綜上所述，漢代辨偽方法已具其六七。不僅如此，《太平御覽》卷560引《皇覽塚墓記》中記載了這樣一件事：

> 漢明帝時，公卿大夫諸儒八十餘人，論《五經》誤失。符節令宋元上言秦昭王與呂不韋好書，皆以書葬。王，至尊，不韋，久貴，塚皆以黃腸題湊。處地高燥，未壞。臣願發昭王、不韋塚，視未燒詩書。

從中可知漢人甚至具有了通過「考古發掘」的方式尋找辨偽依據的意識，這一點顯然較胡應麟更有創意。漢代堪稱全面的辨偽方法為文獻辨偽學奠定了深廣的基礎。

〔註226〕明・胡應麟：《四部正訛》下，《少室山房筆叢》卷32，上海書店，2001年。

第三章　漢代文獻學思想

　　漢代文獻學在學術實踐過程中，既以周秦文獻觀和方法論爲指導、又對之進行自覺的調整和補充，學術思想在此基礎上得以形成。漢代文獻學思想是周秦文獻學思想萌芽的邏輯發展，同時受到時代思潮的浸潤，具有鮮明的時代特徵。

第一節　辨章學術　考鏡源流

　　「辨章學術，考鏡源流」語出清代文獻學家章學誠《校讎通義·序》，原是章氏對劉向、劉歆「部次條別」群籍之功的總結。事實上不惟劉氏父子，漢代文獻學家在文獻整理研究過程中普遍遵循這一原則，因而它是漢代文獻學思想的最爲基本的組成。

一、「知人論世」的文獻學自覺

　　通過文獻追溯學術淵源的思想，萌芽於《孟子·萬章下》中的「知人論世」說。但是理論之於實踐往往具有滯後性，孟子雖然提出了知人論世的合理命題，卻由於缺乏文獻學實踐而未能使之成爲自覺的文獻學理論。這一學術自覺出現於漢代。

　　司馬遷在編撰《史記》的過程中，就將「知其人」、「論其世」與「讀其書」結合起來當作知其學術的共同依據。以《孔子世家》爲例，司馬遷一留意「其人」，詳述孔子的身世及一生的主要經歷；二著眼「其世」，以大量筆墨描畫歷史背景，並將之凝煉爲「孔子之時，周室微而禮樂廢、詩書缺」；三

關注「其書」，詳記「六藝」編定的原因、目的、依據、經過，簡介「六藝」
的內容。正是在知人論世、「讀孔氏書」的基礎上，太史公爲一代學術宗師立
傳的同時，闡述了儒家經典文獻的形成過程及其思想特徵。《孔子世家》於孔
子本身而言，是傳記；於六經而言，是總序；於儒家而言，是早期學術歷史。
據太史公「周室既衰，諸侯恣行。仲尼悼禮廢樂崩，追脩經術，以達王道，
匡亂世反之於正，見其文辭，爲天下制儀法，垂六藝之統紀於後世。作孔子
世家第十七」〔註1〕的說法，這一切都出於學術的自覺。其他如「李耳無爲自
化，清淨自正；韓非揣事情，循執理。作老子韓非列傳第三」、「自古王者而
有司馬法，穰苴能申明之。作司馬穰苴列傳第四」、「孔氏述文，弟子興業，
咸爲師傅，崇仁厲義。作仲尼弟子列傳第七」、「獵儒墨之遺文，明禮義之統
紀，絕惠王利端，列往世興衰。作孟子荀卿列傳第十四」、「自孔子卒，京師
莫崇庠序，唯建元元狩之間，文辭粲如也。作儒林列傳第六十一」等也多以
知人論世爲辨章舊聞之始。故章學誠以爲「讀《六藝略》者，必參觀於《儒
林列傳》，猶之讀《諸子略》，必參觀於孟荀、管晏、申韓列傳也。《詩賦略》
之鄒陽、枚乘、相如、揚雄等傳，《方技略》之扁鵲、倉公等傳，無不皆然。
孟子曰：『誦其詩，讀其書，不知其人可乎？』《藝文志》雖始於班固，而司
馬遷之列傳，實討論之。觀其敘述戰國、秦、漢之間著書諸人之列傳，未嘗
不於學術淵源、文詞流別反覆而論次焉」〔註2〕。

　　司馬遷知人論世的自覺直接啓發了劉氏父子。「劉向、劉歆蓋知其意矣。
故其校書諸敘論，既審定其篇次，又推論其生平。以書而言，謂之敘錄可也。
以人而言，謂之列傳可也」〔註3〕。在撰寫敘錄時劉氏的具體做法是：著述各
家《史記》中已有詳傳者，即多引本傳（如《韓非子書錄》幾乎全用本傳、《管
子書錄》只對本傳略有增刪）；《史記》本傳過於簡略者，則予以補充（如荀
子本傳僅記「趙人」不書其名且內容單薄〔註4〕，《荀子書錄》記其名爲「況」
並增加大量線索）；《史記》中無傳者，則重爲寫作（如《史記》於尸子僅在
《孟子荀卿列傳》中記「楚有尸子」〔註5〕一言，《別錄》則說「楚有尸子，
疑謂其在蜀。今按《尸子》書，晉人也，名佼，秦相衛鞅客也。衛鞅商君謀

〔註1〕《史記》卷130《太史公自序》。
〔註2〕清・章學誠：《校讎通義》卷3《漢志六藝》，北京古籍出版社，1956年。
〔註3〕清・章學誠：《校讎通義》卷3《漢志六藝》，北京古籍出版社，1956年。
〔註4〕《史記》卷74《孟子荀卿列傳》。
〔註5〕《史記》卷74《孟子荀卿列傳》。

事畫計，立法理民，未嘗不與佐規之也。商君被刑，佐恐並誅，乃亡逃入蜀。自爲造此二十篇書，凡六萬餘言。卒，因葬蜀」〔註6〕）。

《漢志》附注雖流於簡單，但其中知人論世的痕迹也很明顯。如「《蔡公》二篇。衛人，事周王孫」、「《雅琴趙氏》七篇。名定，勃海人」、「《宓子》十六篇。名不齊，字子賤，孔子弟子」、「《鬻子》二十二篇。名熊，爲周師，自文王以下問焉，周封爲楚祖」、「《黔婁子》四篇。齊隱士，守道不詘，威王下之」、「《黃公》四篇。名疵，爲秦博士，作歌詩，在秦時歌詩中」、「《虞初周說》九百四十三篇。河南人，武帝時以方士侍郎號黃車使者」、「河內太守徐明賦三篇。字長君，東海人，元、成世歷五郡太守，有能名」，等等，言雖寥寥，卻對其人其世作了交代。尤其值得注意的是諸子、詩賦、兵書三略附注中所謂「有列傳」，如「《孟子》十一篇。名軻，鄒人，子思弟子，有列傳」、「《孫卿子》三十三篇。名況，趙人，爲齊稷下祭酒，有列傳」、「《魏公子》二十一篇。圖十卷。名無忌，有列傳」、「屈原賦二十五篇。楚懷王大夫，有列傳」、「《吳起》四十八篇。有列傳」，等等。這種做法表明，儘管因史體所限班固不能著過多筆墨於藝文一志中，但他深明知人論世對於部次文獻、辨章學術的重要性，因而「存其部目於藝文，載其形事於列傳」，指明線索以「使人參互而觀」〔註7〕。六藝略中雖無此標識，但它與馬史班書中「儒林」專傳天生就血脈相連，因而二者之間自然「詳略互見」。數術、方技二略不見附注，其中緣由大概是兩略距時代的學術主流較遠故而遭到班固忽視。

人非生而知之。著述者的學術性情形成於生平經歷，又決定著述的思想內容。同時著述者不能擺脫其所處時代的影響，「其動於中而發乎外者，無不與時事相爲因緣」〔註8〕。著述之人之世明，則學術路向、政治背景、文化淵源、思想特徵等相關問題皆可推究。因此知人論世的自覺是辨章學術、考鏡源流的前提和憑籍。

二、發展的學術史觀

文獻學家不僅要「辨章舊聞」，還要關注「舊聞」由舊至新的歷史發展。

〔註6〕　《史記》卷74《孟子荀卿列傳》集解引。
〔註7〕　清・章學誠：《校讎通義》卷3《漢志六藝》，北京古籍出版社，1956年。
〔註8〕　余嘉錫：《目錄學發微》，《余嘉錫說文獻學》，第52頁，上海古籍出版社，2001年。

司馬遷作《孔子世家》之外，又作《仲尼弟子列傳》、《孟子荀卿列傳》、《儒林列傳》，綜合這些篇目的內容，正是對儒學從「垂六藝之統紀於後世」至「建元元狩之間，文辭粲如」這一歷程的細緻反映，是早期儒學的學術發展史。

劉向也非常注重對學術發展狀況的考察記錄。余嘉錫所謂「劉向每校一書，必撰一錄，足以考見學術之源流」〔註9〕。如《列子書錄》中說：

> 列子者，鄭人也，與鄭繆公同時，蓋有道者也。其學本於黃帝、老子，號曰道家。道家者，秉要執本，清虛無爲。其治身接物，務崇不競，合於六經。……孝景皇帝時，貴黃老術，此書頗行於世。及後遺落，散在民間，未有傳者。

寥寥數筆，勾勒出列子之學的本原特點、來龍去脈，學術興衰的軌迹一目了然。

作爲一部完整的目錄，《漢志》對學術發展的反映更爲全面。其中附注反映一書之源流，如《黃帝君臣》十篇附注：

> 起六國也，與《老子》相似也。

交代了該書的成書時代（戰國）與學術淵源（道家）。小序反映一家之源流，如儒家類小序：

> 儒家者流，蓋出於司徒之官，助人君順陰陽明教化者也。游文於六經之中，留意於仁義之際，祖述堯、舜，憲章文、武，宗師仲尼，以重其言，於道最爲高。孔子曰：「如有所譽，其有所試。」唐、虞之隆，殷、周之盛，仲尼之業，已試之效者也。然惑者既失精微，而辟者又隨時抑揚，違離道本，苟以譁眾取寵。後進循之，是以《五經》乖析，儒學寖衰，此辟儒之患。

「出於司徒之官」，指其原；「遊文……已試之效者也」，指其早期特徵；「惑者」、「後進」語，指其發展過程中產生的弊端。大序則反映目錄中一個部類的整體發展狀況，如諸子略序：

> 諸子十家，其可觀者九家而已。皆起於王道既微，諸侯力政，時君世主，好惡殊方。是以九家之術蠭出並作，各引一端，崇其所善，以此馳說，取合諸侯。其言雖殊，辟猶水火，相滅亦相生也。仁之與義，敬之與和，相反而皆相成也。《易》曰：「天下同歸而殊塗，

〔註9〕余嘉錫：《目錄學發微》，《余嘉錫說文獻學》，第14頁，上海古籍出版社，2001年。

一致而百慮。」今異家者各推所長，窮知究慮，以明其指，雖有蔽
短，合其要歸，亦六經之支與流裔。使其人遭明王聖主，得其所折
中，皆股肱之材已。仲尼有言：「禮失而求諸野。」方今去聖久遠，
道術缺廢，無所更索，彼九家者，不猶瘉於野乎？若能修六藝之術。
而觀此九家之言，舍短取長，則可以通萬方之略矣。

其中對諸子的本原（以六經爲重心的上古王官之學）、形成時間（禮崩樂壞的
春秋戰國時代）、早期形態（百家爭鳴）、發展趨勢（殊途同歸）以及在當時
所呈現出的學術價值（補充六藝、資政助治）進行了系統的總結。不僅如此，
班固之所以在史著中專爲藝文闢一席之地，其立足點也在於通過反映歷史上
文獻成果的方式反映學術流變。正如他在《敘傳》中所說：「劉向司籍，九流
以別。爰著目錄，略序洪烈。述《藝文志》第十。」《漢志》的出現，使書目
成爲「學術史」〔註10〕。

　　文獻是學術的載體。致力於文獻源流的條別溯衍，反映了漢代學者的學
術發展史觀。

三、文獻分類中的「反經」與「行權」

　　反經與行權是孟子思想的重要組成。「反經」一說見於《孟子·盡心下》：

　　君子反經而已矣。經正，則庶民興；庶民興，斯無邪慝矣。

這裡的「反」同「返」、「經」爲「經常正道」〔註11〕；「反經」之意就是堅持
原則。行「權」說見於《孟子·盡心上》：

　　楊子取爲我，拔一毛而利天下，不爲也。墨子兼愛，摩頂放踵利天
　　下，爲之。子莫執中。執中爲近之。執中無權，猶執一也。所惡執
　　一者，爲其賊道也，舉一而廢百也。

這裡的「權」指「權謀」、「權變」。孟子以爲楊子極端利己的思想和墨子極端
利他的思想都不可取，子莫的「執中」之舉較爲合適。「中」指一種較爲合理
的原則。但隨著情況的變化應當對原則作適當調整，否則就流於「執一」。如
《離婁上》所說：「嫂溺不援，是豺狼也。男子授受不親，禮也；嫂溺，援之
以手者，權也。」因此「行權」指根據客觀情況的變化，對經進行調整和變
更。

〔註10〕喬好勤：《中國目錄學史》，第 76 頁，武漢大學出版社，1992 年。
〔註11〕楊伯峻：《孟子譯注》，第 344 頁，中華書局，1962 年。

反經行權的思想實質，是遵守原則的同時注意結合實際以避免絕對主義。它對於漢代的文獻分類具有理論上的指導意義。例如於「六藝」早有專指，故六藝一略在部勒時應反之「經」是收錄儒家六經。但實際情況是，《論語》作為「孔子應答弟子時人及弟子相與言而接聞於夫子之語」、《孝經》作為漢「以孝治天下」的理論依據、小學類著作作為經之始基，它們與六經一樣「皆漢時學校誦習之書」〔註12〕，如《玉燭寶典》卷一引崔寔《四民月令》云「正月……研冰釋，命幼童入小學，學書篇章」，卷十一又引云「十一月，硯冰凍，命幼童讀《孝經》、《論語》篇章，入小學」〔註13〕。因此劉氏執中行權，將三類著述勒入六藝略。又如周秦早有既有史官與「君舉必書」之制，史籍早於六經形成，故於史書而言應反之「經」是專列史類。但實際情況是，「秦燒詩書，諸侯史記尤甚」〔註14〕，以至「劉氏之世，史籍甚寡」〔註15〕。因此劉氏執中行權，將《國語》等 11 家、296 篇、190 卷史籍附於孔子據魯國國史修成的編年體著作《春秋》類中。

行權的情況不限於文獻類目的合併。以陰陽、數術為例。《漢志》中說「陰陽家者流，蓋出於羲和之官」、「數術者，皆明堂羲和史卜之職」，可見二者同源。故陰陽應單列或與數術合列。但實際情況是，司馬談《論六家要指》已專列「陰陽」一家；數術之書又數量過大（6 種、190 家、2528 卷）。因此劉氏入陰陽於諸子而將數術單列一略。

綜上，劉氏在條別篇目、辨章學術的過程中既循原則、又善權變，當分則分、當合則合，創立出一個全面並客觀反映當時學術和文獻發展狀況的目錄體系。

四、以仁心說 以公心辨

《荀子‧正名篇》中提出了「士君子之辨說」的基本原則，即「以仁心說，以學心聽，以公心辨」。撰寫書錄、輯略及各級序的重要目的之一，是辨章學術得失、指陳各家利弊。其間二劉、班固都遵循了這一原則。

〔註12〕王國維：《漢魏博士考》，《觀堂集林》卷 4，《王國維遺書》，第四冊，上海古籍書店，1983 年。

〔註13〕轉引自余嘉錫《目錄學發微》，見《余嘉錫說文獻學》，第 133 頁，上海古籍出版社，2001 年。

〔註14〕《史記》卷 15《六國年表》。

〔註15〕《七錄序》。

　　武帝時獨尊儒術，楚元王家族又是漢代最早的經學世家。於公於私，崇揚儒學、表彰六經都是二劉思想的基調。但是對儒家以外的學術，他們卻不挾成見。如評介道家學說時，《列子書錄》說「秉要執本，清虛無為。其治身接物，務崇不競，合於六經」，《漢志》小序說「蓋出於史官，歷記成敗存亡禍福古今之道，然後知秉要執本，清虛以自守，卑弱以自持，此君人南面之術也。合於堯之克攘，《易》之嗛嗛，一謙而四益，此其所長也。及放者為之，則欲絕去禮學，兼棄仁義，曰獨任清虛可以為治」；評介法家學說時，《別錄》說「申子學號刑名。刑名者，循名以責實，其尊君卑臣，崇上抑下，合於六經也」〔註16〕，《漢志》小序說「蓋出於理官。信賞必罰，以輔禮制。《易》曰『先王以明罰飭法』，此其所長也。及刻者為之，則無教化，去仁愛，專任刑法而欲以致治，至於殘害至親，傷恩薄厚」；等等。評語皆著眼事實，平心議論，不見譏刺詆毀。還可稱道的是他們對於自己尤為擅長的儒學的內部分歧無所偏主，如《孫卿書錄》說「孟子者，亦大儒，以人之性善。孫卿後孟子百餘年，以為人性惡，故作《性惡》一篇以非孟子」；對儒家之流弊也直言不諱，如上文引舉儒家類序。這種既不沒人所長、也不護己之短的辨章方法，正合「以仁心說，以學心聽，以公心辨」的學者態度。

　　劉歆為人，較其父苟峭。他為爭立古文所著「讓太常博士書」，引起當時「名儒」的強烈反應，如光祿大夫龔勝不願與其同朝為官揚言辭職、大司空師丹「大怒」之下冠其以「非毀先帝所立」的罪名，可見其言辭之犀利恣肆。但在學術著作中，劉歆卻一改常態。「讓太常博士書」與「六藝略序」內容相仿，余嘉錫曾對此舉例如下〔註17〕：

　　（一）志「後世經傳既已乖離，博學者又不思多聞闕疑之義，而務碎義逃難，便辭巧說，破壞形體。」書「往者綴學之士，不思廢絕之闕，苟因陋就寡，分文析字。」

　　（二）志「說五字之文，至於二三萬言。後進彌以馳逐，故幼童而守一藝，白首而後能言。」書「煩言碎辭，學者罷老且不能究其一藝。」

　　（三）志「安其所習，毀所不見，終以自蔽。此學者之大患也。」書「信口說而背傳記，是末師而非往古，至於國家將有大事，若立辟雍、封禪、巡

〔註16〕《漢書》卷9《元帝紀》顏師古注引。
〔註17〕余嘉錫：《目錄學發微》，《余嘉錫說文獻學》，第64～65頁，上海古籍出版社，2001年。

狩之儀，則幽冥而莫知其原。猶欲保殘守缺，挾恐見破之私意，而無從善服義之公心，或懷妒嫉，不考情實，雷同相從，隨聲是非，抑此三學，以《尚書》爲備，謂左氏爲不傳《春秋》，豈不哀哉！」

但稍行分析，即可見兩者思想上的差異。書爲政論文章，志爲學術作品；書「爲古文一家計」，志爲「千秋之經術計」〔註18〕；書涉一己私利，志關學林公義。因此二者「意合而詞不同」〔註19〕，當然其中亦有班固取其要之功。《漢志》行文仁厚爾雅，客觀循謹，是爲「以仁心說，以學心聽，以公心辨」的又一例證。

第二節　多聞闕疑　無徵不信

漢學因其著重考據的學術特點而有「樸學」之稱。這一特點正是多聞闕疑、無徵不信思想在學術實踐中的具體反映。

一、「有馬者借人乘之」

多聞闕疑在先秦已是一種自覺的文獻學理論，孔子所提倡的傳疑精神一直是文獻學思想之河的正身。漢初名「獻」申培公在傳魯《詩》的過程中，「獨以《詩經》爲訓故以教，亡傳，疑者則闕弗傳」〔註20〕，表現出對這種精神的一脈相承。從知人論世的角度看，這與申公爲魯之學者、魯又「所謂聖人遺化，好學之國……雖處危亂，猶能守而弗失」〔註21〕有關。因爲具備這種精神，魯《詩》在三家詩中顯得相對樸實，以至《漢志》雖以爲於經而言三家「咸非其本義」，但「魯最爲近之。」有漢一代，詩學界以魯《詩》的聲勢最爲浩大，習者中包括孔安國、闕門慶忌、瑕丘江公、褚少孫、楚元王、司馬遷、韋賢、劉向、龔勝、包咸、王逸、蔡邕、王符、徐幹、高誘等學術大家〔註22〕，他們承襲了傳疑精神並將之發揚光大。

〔註18〕余嘉錫：《目錄學發微》，《余嘉錫說文獻學》，第65頁，上海古籍出版社，2001年。

〔註19〕余嘉錫：《目錄學發微》，《余嘉錫說文獻學》，第65頁，上海古籍出版社，2001年。

〔註20〕《漢書》卷88《儒林傳》。

〔註21〕馬宗霍：《中國經學史》，第83頁。

〔註22〕清·唐晏撰，吳東民點校：《兩漢三國學案》卷5，中華書局，1986年。

　　司馬遷寫作《史記》時，天下遺文故事靡不畢集。對待其中自己難判是非的傳聞異辭，司馬遷的態度十分審慎。例如爲老子作傳時，先述其姓名爵里（「楚苦縣厲鄉曲仁里人」、「姓李氏，名耳，字聃」、「周守藏室之史」），又述其學術造詣（孔子「問禮於老子」並言「其猶龍邪」）、思想主旨（「脩道德」、「以自隱無名爲務」）和學術著述（「著書上下篇，言道德之意五千餘言」），然後說「莫知其所終」。話雖不多，卻已是對老子全貌的素描。但顯然當時還有關於老子其人的其他說法，並且這些說法使太史公莫知其然，於是他秉持疑則傳疑的精神，繼續寫道：「或曰老萊子亦楚人也，著書十五篇，言道家之用，與孔子同時」，「或曰儋即老子，或曰非也」〔註23〕。又如在爲仲尼弟子作傳時，以孔壁所出古文《論語》作爲核定「弟子名姓」的依據，坦言「疑者闕焉」。

　　類似做法也見於劉、班。劉氏校讎當中的良好習慣，不止於改動文字即出「榆」「棧」、不便改動則出校語（已見前文），還包括疑則傳疑。如《晏子》一書，劉向雖疑之「有頗不合經術者，似非晏子言，疑後世辯士所爲者」，但仍然「不敢失，復以爲一篇」〔註24〕。又如《韓非子・內儲說上》中，「七術」的有關說解之後，出現「一曰：晏嬰子聘魯，哀公問曰：『語曰：「莫三人而迷。」今寡人與一國慮之，魯不免於亂，何也？』晏子曰：『古之所謂「莫三人而迷」者，一人失之，二人得之，三人足以爲眾矣，故曰「莫三人而迷。」今魯國之群臣以千百數，一言於季氏之私，人數非不眾，所言者一人也，安得三哉』」的文字。清人顧廣圻以爲「『一曰』者，劉向敘錄時所下校語也。謂一見於《晏子春秋》，其所曰者如此」〔註25〕。類似情況還見多處。另如在「殷之法」的說解後，有「一曰：殷之法，棄灰於公道者斷其手。子貢曰：『棄灰之罪輕，斷手之罰重，古人何太毅也？』曰：『無棄灰，所易也；斷手，所惡也。行所易，不關所惡，古人以爲易，故行之』」；在「公孫鞅之法也重輕罪」的說解後，有「一曰：公孫鞅曰：『行刑重其輕者，輕者不至，重者不來，是謂以刑去刑』」。可見並存疑說、異說，也是劉氏之學的優良傳統。

　　《漢志》附注對待難明就裏的問題主要採取三種方法。一者以「或曰」、

〔註23〕　《史記》卷63《老子韓非列傳》。

〔註24〕　《晏子書錄》。

〔註25〕　清・顧廣圻：《韓非識誤》，轉引自王欣夫：《王欣夫說文獻學》，第230頁，上海古籍出版社，2000年。

「或」存異說，如「《周史六韜》六篇。惠、襄之間，或曰顯王時，或曰孔子問焉」，「《太公》二百三七十篇。呂望爲周師尚父，本有道者。或有近世又以爲太公術者所增加也」。二者以「似」傳疑說，如「《大禹》三十七篇。傳言禹所作，其文似後世語」、「《景子》三篇。說宓子語，似其弟子」、「《河間周制》十八篇。似河間獻王所述也」、「《五曹官制》五篇。漢制，似賈誼所條」等，諸辨僞語也多用「似」以委婉語氣。三者付之闕如、直書「不知」，如「《讕言》十篇。不知作者，陳人君法度」、「《道家言》二篇。近世，不知作者」、「《董安國》十六篇。漢代內史，不知何帝時」、「《尹都尉》十四篇。不知何世」等。三種方法反映了作者所具有的嚴謹、坦誠的治學原則。

「有馬者借人乘之」是孔子對多聞闕疑思想的生動比喻。有疑而不能釋，就如同有馬而不善騎。對於異說疑說不妄下結論，而是將之記錄保存以留待能者解決處理，正如同將馬借給馭手以便它能發其馳騁之力。這是一種高貴的學術品質。

二、論莫定於有證

徵實思想同樣是承自周秦的學術遺產。「子絕四：毋意，毋必，毋固，毋我」〔註26〕以及「子不語：怪、力、亂、神」〔註27〕已是無徵不信的理論先導。修《春秋》時改魯史原文「雨星不及地尺而復」爲「星隕如雨」則是這一理論的具體實踐。

司馬遷的徵實思想，從其撰寫《史記》時的文獻取徵中得到了直接體現。如在爲孔子弟子作傳時，面對「學者多稱七十子之徒，譽者或過其實，毀者或損其眞，鈞之未睹厥容貌」的情況，司馬遷通過對相關文獻的考辨，以爲「論言弟子籍，出孔氏古文近是」，因此「以弟子名姓文字悉取論語弟子問並次爲篇」〔註28〕。從邏輯上講，這裡徵之古文《論語》的做法的確是首善之選。又如面對「星氣之書，多雜機祥，不經；推其文，考其應，不殊」的情況，司馬遷「比集論其行事，驗於軌度」而作《天官書》〔註29〕，徵驗方法也很得當。

〔註26〕《論語・子罕》。
〔註27〕《論語・述而》。
〔註28〕《史記》卷67《仲尼弟子列傳》。
〔註29〕《史記》卷130《太史公自序》。

在徵實思想指導下，司馬遷選擇文獻時多注重平實、排斥不合邏輯的誇張。如《史記》卷 86《刺客列傳》中對晉人豫讓爲智伯向趙襄子報仇一事的記載，顯然取材於戰國策士的遺篇〔註30〕，但兩者行文上的差異非常明顯。《史記》言：

> 豫讓曰：「……今日之事，臣固伏誅，然原請君之衣而擊之，焉以致報讎之意，則雖死不恨。非所敢望也，敢布腹心！」於是襄子大義之，乃使使持衣與豫讓。豫讓拔劍三躍而擊之，曰：「吾可以下報智伯矣！」遂伏劍自殺。

舊本《戰國策》則說豫讓刺衣後「衣盡出血。襄子回車，車輪未周而亡」，並指出「不言衣出血者，太史公恐涉怪妄，故略之耳」〔註31〕。

同傳記燕太子丹去秦歸燕事，也較其他文獻平實可信。《史記》言：

> 燕太子丹者，故嘗質於趙，而秦王政生於趙，其少時與丹驩。及政立爲秦王，而丹質於秦。秦王之遇燕太子丹不善，故丹怨而亡歸。

《燕丹子》則言〔註32〕：

> 丹求歸，秦王曰『烏頭白，馬生角，乃許耳』。丹乃仰天歎，烏頭即白，馬亦生角。

對此司馬遷斥以「太過」。

劉氏辨章學術考鏡源流的目錄著作中，品評作者及其著述、學術的內容所佔比重很大。但如前文所述，這些評論皆就事實立言，不見以空洞之語臧否人物、借題發揮。「考證之學貴在徵實，議論之言易於蹈空」〔註33〕，劉氏徵實學風，不言自明。此外「劉向父子領校秘書，閱定九流，亦無讖錄」〔註34〕，也是貴實之證。

王充以疾虛妄爲己任，研習文獻時無徵不信的色彩更濃。他在韓非「定誠」、「參驗」的基礎上，進一步提出「事莫明於有效，論莫定於有證」〔註35〕的理論，倡導「知實」，並身體力行。例如對緯書中「孔子將死，遺讖書曰：

〔註30〕 其時尚無後來的《戰國策》一書。
〔註31〕 《史記》卷 86《刺客列傳》索隱引，不見今本《戰國策・趙策》。
〔註32〕 《史記》卷 86《刺客列傳》索隱引。
〔註33〕 余嘉錫：《目錄學發微》，《余嘉錫說文獻學》，第 55 頁，上海古籍出版社，2001年。
〔註34〕 《史記》卷 86《刺客列傳》索隱引，不見今本《戰國策・趙策》。
〔註35〕 《後漢書》卷 59《張衡列傳》。

『不知何一男子，自謂秦始皇，上我之堂，踞我之床，顛倒我衣裳，至沙丘而亡。』其後，秦王兼吞天下，號『始皇』，巡狩至魯，觀孔子宅，乃至沙丘，道病而崩」說法，王充徵之史實，以爲秦始皇「三十七年十月癸丑出遊，至雲夢，望祀虞舜於九嶷。浮江下，觀藉柯，度梅渚，過丹陽，至錢唐，臨浙江，濤惡，乃西百二十里，從陜中度，上會稽，祭大禹，立石刊頌，望於南海。還過，從江乘，旁海上，北至琅邪。自琅邪北至勞、成山，因至之罘，遂並海，西至平原津而病，崩於沙丘平臺」，並未至魯，因此不具「上孔子之堂，踞孔子之床，顛倒孔子之衣裳」的可能〔註36〕。又如對於「鄒子之書」中「方今天下在地東南，名赤縣神州」的說法，王充徵之地理天文知識，以爲「如在東南，近日所出。日如出時，其光宜大。今從東海上察日，及從流沙之地視日，大小同也」，「天極爲天中，如方今天下在地東南，視極當在西北。今正在北方」，因此「今天下在極南也」，「鄒衍之言非也」〔註37〕。囿於時代及知識的局限，王充的論說並非全然正確，但其注重效證之驗的理論，還是漢代文獻學思想中的閃光點。

第三節　崇廣道藝 融會和合

漢代雖然採取了統一思想的舉措並重建王官之學，但沒有實施絕對的思想專制，因此學術風氣較爲寬鬆自由。這種文化氛圍使成長於其中的文獻學思想包含了融會貫通的內容。

一、博存眾家

武帝始獨尊儒術，規劃了以儒學爲主幹的學術路向；立經學博士，又確認立儒家爲學之正宗。從秦時按之入地，到此際舉之上天，儒學的時代境遇得到如此之大的改善，使學者的心理受到了強烈刺激，於是「天下之學士靡然鄉風矣」〔註38〕。劉氏父子校讎之學的大背景是政府倡儒，小環境是家族傳經。儘管如此，他們對於群籍的著錄主旨，是博存眾家。

劉氏受時代和自身學術旨趣的影響而列六藝於群書之首。之後又列諸

〔註36〕《論衡·實知篇》。
〔註37〕《論衡·談天篇》。
〔註38〕《史記》卷121《儒林列傳》。

子、詩賦、兵書、數術以及方技。劉向自述作諸子略的緣起，是「昔周之末，孔子既沒。後世諸子，各著篇章。欲崇廣道藝，成一家之說。旨趣不同，故分爲九家」〔註39〕。其實這一緣起對於諸略的設立具有普遍意義。劉氏以爲，六藝之文固然能夠「和神」、「正言」、「明體」、「廣聽」、「斷事」、「爲原」〔註40〕，其他各略也都有其重要價值。如諸子可以成爲「股肱之材」並「通萬方之略」；詩賦可以「觀風俗，知薄厚」；兵書本是「王官之武備」；數術多有「舊書」，方技乃「生生之具」。更重要的是在劉氏的心目中，眾學皆出古之王官──儒家「出於司徒之官」、道家「出於史官」、陰陽家「出於羲和之官」、法家「出於理官」、名家「出於禮官」、墨家「出於清廟之守」、從橫家「出於行人之官」、雜家「出於議官」、農家「出於農稷之官」、詩賦爲「古者諸侯卿大夫」「感於哀樂，緣事而發」、兵家「出古司馬之職」、數術「皆明堂羲和史卜之職」、方技爲「王官之一守」、甚至不入流的小說家也「出於稗官」，因此劉氏以寬廣的學術情懷，不憚其煩，並錄六略。

六略下又各自有家，如六藝略共 103 家，包括《易》13 家，《書》9 家，《詩》6 家，《禮》13 家，《樂》6 家，《春秋》23 家，《論語》12 家，《孝經》11 家，小學 10 家；諸子略共 190 家，包括儒 53 家，道 37 家，陰陽 21 家，法 10 家，名 7 家，墨 6 家，縱橫 12 家，雜 20 家，農 9 家，小說 15 家；詩賦略共 106 家，包括屈原賦 20 家，陸賈賦 21 家，孫卿賦 25 家，雜賦 12 家，歌詩 28 家；兵書略 53 家，包括兵權謀 13 家，兵形勢 11 家，兵陰陽 16 家，兵技巧 13 家；數術略 109 家，包括天文 21 家，曆譜 18 家，五行 31 家，蓍龜 15 家，雜占 18 家，形法 6 家；方技略 36 家，包括醫經 7 家，經方 11 家，房中 8 家，神仙 10 家〔註41〕。當時「家」的概念，既可指書籍學派（如《太史公自序》所謂「凡百三十篇，五十二萬六千五百字，爲《太史公書》。序略，以拾遺補藝，成一家之言」，《漢志》所謂諸「家」）；又可指平民私家（如《史記》卷 121《儒林列傳》所記「竇太后……召轅固生問老子書。固曰：『此是家人言耳』」、《漢書》卷 21《律曆志》所記「楚考烈王滅魯，頃公爲家人」）〔註

〔註39〕清・姚振宗輯：《七略別錄佚文》，，浙江省立圖書館排印本，1932 年。

〔註40〕《漢志》六藝略序：「《樂》以和神，仁之表也；《詩》以正言，義之用也；《禮》以明體，明者著見，故無訓也；《書》以廣聽，知之術也；《春秋》以斷事，信之符也。……而《易》爲之原。」

〔註41〕數字據《漢志》大小序。

〔註42〕參見徐興無：《劉向評傳》，第 238～239 頁，南京大學出版社，2005 年。

42）。由此可知，除立爲學官的寥寥數家之外，劉氏著錄了大量前世是王官之守而今生已入尋常百姓家的私學，表現了對於官學之外的民間學術的極大重視。「《七略》剖判藝文，總百家之緒」〔註43〕，從某種程度上說，這種做法是對廣學思想的最大體現。

近代以來漢朝簡帛文獻大量出土，例如：

湖南長沙馬王堆西漢墓帛書。內容主要包括《老子》甲本及卷後佚書四種（四種佚書定名爲《五行》、《九主》、《明君》、《德聖》），《老子》乙本及卷前佚書四種（四種佚書原有題目爲《經法》、《十大經》、《稱》、《道原》，經學者考證即《漢志》著錄的《黃帝四經》），《周易》及卷後佚書五種，《春秋事語》，《戰國縱橫家書》，《刑德》甲乙丙三件，《五星占》，《相馬經》，《五十二病方》及卷前佚書四種，《導引圖》及卷前佚書二種，此外還有今存最古老的兩幅地圖《長沙國南部地形圖》和《駐軍圖》〔註44〕。

內蒙古自治區額濟納旗和甘肅省金塔縣境內漢代張掖郡居延都尉和肩水都尉下轄的城障、烽燧、關塞遺址簡牘。內容主要是當時的公文、檔案、曆譜、藥方等〔註45〕。

甘肅武威漢代簡牘。內容包括《儀禮》甲乙丙三本，「王杖十簡」及涉及臨床醫學、藥物學、針灸學的文獻〔註46〕。

甘肅敦煌、玉門、酒泉漢代烽燧、驛置遺址漢簡。內容爲漢代詔書、律令、檄文、簿籍、爰書、劾狀、符、傳、曆譜、術數、醫書、相馬經及大量郵驛文書〔註47〕。

山東臨沂銀雀山西漢墓簡牘。主要包括《孫子兵法》，《孫臏兵法》，《尉繚子》，《守法守令十三篇》，《六韜》，《晏子》，《地典》、《元光元年曆譜》，《曹氏陰陽》等十餘篇陰陽時令占候之書，《相狗》、《作醬》等技藝之書以及《十官》、

〔註43〕《漢書》卷36《楚元王傳》。

〔註44〕馬王堆漢墓帛書整理小組：《馬王堆漢墓帛書》，文物出版社，1981年起。

〔註45〕中國社會科學院考古所編：《居延漢簡甲乙編》，中華書局，1980年。甘肅省文物考古研究所、甘肅省博物館、中國文物研究所、中國社會科學院歷史研究所：《居延新簡》，中華書局，1994年。

〔註46〕甘肅省博物館、中國科學院考古研究所：《武威漢簡》，文物出版社，1964年。甘肅省文物工作隊、甘肅省博物館：《漢簡研究文集·武威新出土王杖詔令冊》，甘肅人民出版社，1984年。甘肅省博物館、武威縣文化館：《武威漢代醫簡》，文物出版社出版，1975年。

〔註47〕甘肅省文物考古研究所：《敦煌漢簡》，中華書局，1991年。

《五議》、《務過》、《爲國之過》、《起師》等四十餘篇論政議兵的文章〔註48〕。

安徽阜陽雙古堆漢墓殘簡。內容包括《蒼頡篇》、《爰歷篇》、《詩經》、《周易》、《呂氏春秋》、《莊子》、《離騷》等〔註49〕。

湖北江陵張家山漢墓竹簡。包括《二年律令》，《奏讞律》，《蓋廬》，《脈書》，《引書》，《算術書》，《日書》，《曆譜》，《遣策》等〔註50〕。

江蘇東海縣溫泉鎮尹灣漢墓簡牘。內容爲東海郡上計集簿、吏員簿、長吏名籍、東海郡屬吏設置簿、兵車器集簿、贈錢名籍、神龜占、六甲占、博局占、元延元年曆譜、元延三年五月曆譜、遣策、名謁、元延二年日記、刑德行時、《神鳥賦》等〔註51〕。

如果將以上出土文獻進行歸類，可以發現它們與六略三十八種大致可以對號入座。由此可見劉氏博存觀念指導下的文獻分類與著錄，的確系統而全面地反映了當時的文獻與學術狀態。「目錄學實負有指導各種學術之責任」〔註52〕，漢代「學術文藝，猶有千門萬戶之觀」〔註53〕，正是博存的結果。

劉歆的博存思想還見其《讓太常博士書》。劉歆的學術取向非常明顯，即崇尚古文經學。哀帝時他爲《左氏春秋》、《毛詩》、《逸禮》、《古文尚書》爭立學官，「哀帝令歆與五經博士講論其義，諸博士或不肯置對。歆因移書太常博士，責讓之」〔註54〕。這是古文經學正式登上歷史舞臺的標誌，也是今古文經學的第一次正面交鋒。作爲古文經學的成立宣言，《讓太常博士書》是學術史上頗具影響的重要文獻，它對於我們瞭解劉歆及其學術意義非凡，故摘其要如下：

> ……《春秋》左氏，丘明所修，皆古文舊書，多者二十餘通，臧於秘府，伏而未發。孝成皇帝閔學殘文缺，稍離其眞，乃陳發秘臧，校理舊文，得此三事，以考學官所傳，經或脫簡，傳或間編。傳問民間，則有魯國桓公、趙國貫公、膠東庸生之遺學與此同，抑而未

〔註48〕銀雀山漢墓竹簡整理小組：《銀雀山漢墓竹簡》，文物出版社，1975年。

〔註49〕安徽省文物工作隊、阜陽地區博物館、阜陽縣文化局：《阜陽雙古堆西漢汝陰侯墓發掘簡報》，《文物》1978年第8期。

〔註50〕張家山漢墓竹簡整理小組：《張家山漢墓竹簡》，文物出版社，2001年。

〔註51〕連雲港市博物館、東海縣博物館、中國社會科學院簡帛研究中心、中國文物研究所：《尹灣漢墓簡牘》，中華書局，1997年。

〔註52〕姚明達：《中國目錄學史》，第7頁，上海古籍出版社，2002年。

〔註53〕柳詒徵：《中國文化史》，上卷，第311頁，中國大百科全書出版社，1988年。

〔註54〕《漢書》卷36《楚元王傳》。

施。此乃有識者之所惜閔，士君子之所嗟痛也。往者綴學之士不思廢絕之闕，苟因陋就寡，分文析字，煩言碎辭，學者罷老且不能究其一藝。信口說而背傳記，是末師而非往古，至於國家將有大事，若立辟雍、封禪、巡狩之儀，則幽冥而莫知其原。猶欲保殘守缺，挾恐見破之私意，而無從善服義之公心，或懷妒嫉，不考情實，雷同相從，隨聲是非，抑此三學，以《尚書》爲備，謂左氏爲不傳《春秋》，豈不哀哉！

今聖上德通神明，繼統揚業，亦閔文學錯亂，學士若茲，雖昭其情，猶依違謙讓，樂與士君子同之。故下明詔，試《左氏》可立不，遣近臣奉指銜命，將以輔弱扶微，與二三君子比意同力，冀得廢遺。今則不然，深閉固距，而不肯試，猥以不誦絕之，欲以杜塞餘道，絕滅微學。夫可與樂成，難與慮始，此乃眾庶之所爲耳，非所望士君子也。且此數家之事，皆先帝所親論，今上所考視，其古文舊書，皆有徵驗，外內相應，豈苟而已哉！

夫禮失求之於野，古文不猶愈於野乎？往者博士《書》有歐陽，《春秋》公羊，《易》則施、孟，然孝宣皇帝猶復廣立《穀梁春秋》，《梁丘易》，《大小夏侯尚書》，義雖相反，猶並置之。何則？與其過而廢之也，寧過而立之。傳曰：「文武之道未墜於地，在人；賢者志其大者，不賢者志其小者。」今此數家之言所以兼包大小之義，豈可偏絕哉！若必專已守殘，黨同門，妒道眞，違明詔，失聖意，以陷於文吏之議，甚爲二三君子不取也。

上述文辭中劉歆至少表達了四層意思：

1、說明《左傳》應立於學官的三個原因：其一，係丘明所作的古文舊書，文本出現得更早；其二，不似《公羊》《穀梁》「經或脫簡，傳或間編」，形態保存得更全；其三，民間所傳與中秘之藏「外內相應」，內容更爲可靠。

2、揭露今文經反對立《左傳》的兩個眞正原因：其一，狹隘的門戶之見；其二，不肯眞正瞭解《左傳》。

3、指出古學不立的兩個嚴重後果：其一，微學絕滅；其二，禮（立辟雍、封禪、巡狩之儀）失難求。

4、表明自己的態度：「與其過而廢之也，寧過而立之」。

因此，本文並不僅僅是一篇戰鬥宣言，還是「欲廣道術」〔註55〕的正式聲明。劉歆的學術意識中，民間「遺學」或在野「微學」都具備補充王官之學的能力和躋身王官之學的條件；「寧過而立之」是存遺繼絕的有效方式。值得注意的是，劉歆雖然對今文經學的保殘守缺、黨同伐異、私而忘公、不肯置對的做法極其不滿並嚴辭責讓，但並未流露出絲毫取締之願，這也是崇廣道藝、博存眾家思想的一種體現。

二、道通爲一

「道通於一」語出《莊子‧齊物論》。莊子以爲世間的各種事物都處在對立統一之中——「彼出於是，是亦因彼」，因此從根本上說它們相通而混一——「道通爲一」，但只有通達之士明識此理——「唯達者知通爲一」。周秦學術具有共同的知識背景，自「道術將爲天下裂」始，學術界異彩紛呈。儘管「這並不是一個悲哀的結局而是一個輝煌的開端」〔註56〕，但由「殊塗」、「百慮」而融會貫通以求「同歸」、「一致」，這是學術上「道通於一」的規律。漢代經學的發展就遵循了這一規律。

通學之士在漢初已經出現，如申公傳魯《詩》的同時以《穀梁春秋》教授，韓嬰傳韓《詩》的同時以《易》教授，董仲舒則兼通五經等〔註57〕。五經博士設後，一人兼通數經的情況似較之前多見，如孔安國受魯《詩》於申公、受《尙書》於伏生〔註58〕，兒寬受《尙書》於歐陽生、受《公羊》於褚大〔註59〕，韋賢「兼能《禮》、《尙書》，以《詩》教授，號稱鄒魯大儒」〔註60〕，夏侯勝「爲學精孰，所問非一師」〔註61〕，等等。這些學者所通多爲立學官的今文經，但應該注意到，他們之中出現了最早的兼學古今者，即孔安

〔註55〕《漢書》卷36《楚元王傳》：「儒者師丹爲大司空，亦大怒，奏歆改亂舊章，非毀先帝所立。上曰：『歆欲廣道術，亦何以爲非毀哉！』」

〔註56〕葛兆光：《中國思想史第一卷：七世紀前中國的知識、思想與信仰世界》，第148頁，復旦大學出版社，1991年。

〔註57〕《漢書》卷88《儒林傳》。

〔註58〕《漢書》卷88《儒林傳》。

〔註59〕《漢書》卷58《公孫弘卜式兒寬傳》。

〔註60〕《漢書》卷73《韋賢傳》。

〔註61〕《漢書》卷75《眭兩夏侯京翼李傳》。

國——「孔氏有古文尙書，而安國以今文讀之」〔註62〕。由此可知經今古文從一開始就有膠著。西漢末年的文獻整理過程中，經古文文本引起了一些學者的注意。如本治《穀梁》的劉向對《左傳》產生了興趣，不僅上書時引用《左傳》，對於撰寫《別錄》過程中產生的疑問也徵實於《左傳》（詳見本文第二章第三節）。劉歆對《左傳》更是情有獨鍾。作爲脫胎於今文學派的古文大師，劉歆的學術生命中先天就有今文的基因。這注定了古文、今文之間的「彼出於是，是亦因彼」的關係。而劉氏博存眾家的思想，也注定其成爲一代「通人」〔註63〕。父子二人前赴後繼地承擔起「經傳、諸子、詩賦」三大類文獻的整序校讎，就是對「通人」所作的最爲生動的注腳。

隨著古文經學派的正式形成，今古雙方的爭鬥時有發生。其中影響較大的有三次。首戰就是劉歆在哀帝朝爭立《左傳》與諸太常博士的交惡。劉歆吹響的號角可謂高亢嘹亮，但後者卻因其深厚的政治根基不戰而勝。隨後古文經在王莽支持下一度實現了政治上與今文經平起平坐的願望，可惜榮耀來去倏忽，就如同黃梁一夢。於是在東漢初建的光武朝，雙方又起二戰。范曄詳細記載了這次爭論的經過〔註64〕：

尚書令韓歆上疏，欲爲《費氏易》、《左氏春秋》立博士，詔下其議。四年正月，朝公卿、大夫、博士，見於雲臺。帝曰：「范博士可前平說。」升起對曰：「《左氏》不祖孔子，而出於丘明，師徒相傳，又無其人，且非先帝所存，無因得立。」遂與韓歆及太中大夫許淑等互相辯難，日中乃罷。升退而奏曰：「……《京氏》既立，《費氏》怨望，《左氏春秋》復以比類，亦希置立。……《五經》奇異，並復求立，各有所執，乖戾分爭。從之則失道，不從則失人，將恐陛下必有厭倦之聽。……」又曰：「正其本，萬事理。《五經》之本自孔子始，謹奏《左氏》之失凡十四事。」時難者以太史公多引《左氏》，升又上太史公違戾《五經》，謬孔子言，及《左氏春秋》不可錄三十一事。……（陳）元聞之，乃詣闕上疏曰：「丘明至賢，親受孔子，而《公羊》、《穀梁》傳聞於後世……今論者沉溺所習，翫守舊聞，固執虛言傳受之辭，以非親見實事之道……案升等所言，前後相

〔註62〕《漢書》卷88《儒林傳》。
〔註63〕《新論·通識》：「劉子政、子駿、子駿兄子伯玉，俱是通人」。
〔註64〕《後漢書》卷36《鄭范陳賈張列傳》。

違……孝宣皇帝在人間時，聞衞太子好《穀梁》，於是獨學之。及即位，爲石渠論而《穀梁氏》興，至今與《公羊》並存。此先帝後帝各有所立，不必其相因也……」書奏，下其議，范升復與元相辯難，凡十餘上。

此次代表雙方出戰的學者是范升和陳元。言刀辭戟之中學術討論氣氛淡而政治爭論意味濃。儘管如此，我們還是可以從中發現兩者「不打不相識」的線索：范升羅列他所認爲的《左傳》失誤計45條之多，陳元則以《左傳》不與對方「虛言傳受之辭」相雷同。這說明交戰雙方都對敵手所習進行過深入的研究，可謂「知己知彼」。因此有理由認爲，經今古文學此時已經開始了不自覺的融合。此戰中古文派似乎略居上風，「帝卒立《左氏》學」，旋即仍因古文無甚政治根基「復廢」。

第三次衝突發生在章帝朝。古文學派代表賈逵對《左傳》與《公羊傳》進行詳細比勘，摘出《左傳》中明於「君臣之正義，父子之紀綱」的三十七事，認爲兩傳同者「什有七八，或文簡小異，無害大體」，得出「《左氏》義深於君父，《公羊》多任於權變」這一較爲質實結論〔註65〕。今文學派李育則「以《公羊》義難賈逵，往返皆有理證，最爲通儒」〔註66〕。應該說這是一場眞正的學術之爭。辯論雙方不再止於糾纏學官廢立，而是就學術問題本身展開了有理有證的爭論。這裡出現了兩個十分有趣的現象：

1、賈逵、李育都學兼古今。賈逵家傳古學，其父賈徽「從劉歆受《左氏春秋》，兼習《國語》、《周官》，又受《古文尚書》於塗惲，學《毛詩》於謝曼卿，作《左氏條例》二十一篇。賈逵雖然「悉傳父業，弱冠能誦《左氏傳》及《五經》本文」，卻「以《大夏侯尚書》教授」；既爲古學，又「兼通五家《穀梁》之說」。〔註67〕李育也是精習《公羊春秋》的同時「頗涉獵古學」，對《左傳》有所精研〔註68〕。

2、古派向以不喜讖緯爲特徵，但賈逵卻大談「《五經》家皆無以證圖讖明劉氏爲堯後者，而《左氏》獨有明文。《五經》家皆言顓頊代黃帝，而堯不得爲火德。《左氏》以爲少昊代黃帝，即圖讖所謂帝宣也。如令堯不得爲火，

〔註65〕《後漢書》卷36《鄭范陳賈張列傳》。
〔註66〕《後漢書》卷79《儒林列傳》。
〔註67〕《後漢書》卷36《鄭范陳賈張列傳》。
〔註68〕《後漢書》卷79《儒林列傳》。

則漢不得爲赤」，強調《左傳》合於圖讖〔註69〕。今派向以援讖說經爲習慣，但李育卻「以爲前世陳元、范升之徒更相非折，而多引圖讖，不據理體，於是作《難左氏義》四十一事」〔註70〕。

可見今古文已經開始取人之長補己之短，這是二者在學術上自覺融合的表徵。融合或許不是初衷，卻是結果，而且漸成潮流，如朱彝尊所說，東漢兼者漸多〔註71〕。

比較而言，古文學家兼綜今文的現象更爲常見，因爲今文的師法家法相對嚴格而古文的門戶觀念較爲淡薄。於是對於「通學」之路的開鑿，古文學派顯然著力更多。除劉氏父子與賈逵之外，有鄭興「少學《公羊春秋》。晚善《左氏傳》，遂積精深思，通達其旨，同學者皆師之。……好古學，尤明《左氏》、《周官》」〔註72〕；馬融「博通經籍」，著《三傳異同說》，注《孝經》、《論語》、《詩》、《易》、《三禮》、《尙書》等〔註73〕；許愼「博學經籍」，「五經無雙」〔註74〕；班固「博貫載籍，九流百家之言，無不窮究。所學無常師」〔註75〕；等等。到東漢後期，古文經學的陣營裏終於走出了漢代經學的總結者——鄭玄。

鄭玄（西元 127 年～200 年）字康成，北海高密（今山東高密）人。據《後漢書》本傳，鄭玄少時「常詣學官，不樂爲吏」，鄭玄在太學受業時，向京兆第五元先學習《京氏易》、《公羊春秋》、《三統曆》、《九章算術》，又向東郡張恭祖學習《周官》、《禮記》、《左氏春秋》、《韓詩》、《古文尙書》。後「以山東無足問者，乃西入關，因涿郡盧植，事扶風馬融」。馬融時爲一代大師，「門徒四百餘人，陞堂進者五十餘生」。鄭玄在其門下三年，竟然難睹其顏面。即便如此，「玄日夜尋誦，未嘗怠倦」，終於在馬融集諸生考論圖緯時「從質諸疑義」，一鳴而驚其師，以至他辭歸之後，馬融喟然而歎：「鄭生今去，吾道東矣」。〔註76〕

鄭玄的游學經歷，奠定了他博學兼綜的基礎。正如他晚年寫給兒子的信中所說：「游學周、秦之都，往來幽、并、兖、豫之域，獲覲乎在位通人，處逸大儒，得意者咸從捧手，有所受焉。遂博稽六藝，粗覽傳記，時睹秘書緯術之奧」。

〔註69〕 《後漢書》卷 36《鄭范陳賈張列傳》。
〔註70〕 《後漢書》卷 79《儒林列傳》。
〔註71〕 轉引自王利器：《鄭康成年譜》，第 345 頁，齊魯書社，1983 年。
〔註72〕 《後漢書》卷 36《鄭范陳賈張列傳》。
〔註73〕 《後漢書》卷 60《馬融列傳》。
〔註74〕 《後漢書》卷 79《儒林列傳》。
〔註75〕 《後漢書》卷 40《班彪列傳》。
〔註76〕 《後漢書》卷 35《張曹鄭列傳》。

寬廣的學術視野，龐雜的知識來源，使鄭玄的學術思想注定將「博大閎通」。

據本傳記載，鄭玄著述頗豐。「凡玄所注，《周易》、《尚書》、《毛詩》、《儀禮》、《禮記》、《論語》、《孝經》、《尚書大傳》、《中候》、《乾象歷》，又著《天文七政論》、《魯禮禘祫義》、《六藝論》、《毛詩譜》、《駁許慎五經異義》、《答臨孝存周禮難》，凡百餘萬言」，另針對當時公羊學大師何休所著《公羊墨守》、《左氏膏肓》、《穀梁廢疾》還作有《發墨守》、《針膏肓》、《起廢疾》。其中最為世人稱道的學術活動，就是遍注群經。據清人黃以周考證，鄭玄「先注《周官》，次《禮記》，次《禮經》，次《古文尚書》，次《論語》，次《毛詩》，最後乃注《易》」〔註77〕。其中《周官》（漢代對《周禮》的稱呼）是古文經；《儀禮》是今文經；《禮記》則指由戴聖對先秦至漢初儒者解禮之作的彙編《小戴禮記》，當時尚未稱經；《古文尚書》、《毛詩》與所注費氏《易》也都是古文經學。可見鄭氏之學，以古文為本。

鄭玄取得了輝煌的文獻學成就。於禮而言，鄭玄是歷史上第一位通注「三禮」的文獻學家，使《禮記》從此躋身「經」的行列；於書而言，鄭玄是《尚書》古文派「最後最大的一家」〔註78〕；於詩而言，鄭玄《毛詩箋》興而三家詩亡；於《春秋》而言，鄭玄的《發墨守》、《針膏肓》、《起廢疾》令何休驚呼「康成入吾室，操吾矛，以伐我乎」〔註79〕；於《易》而言，鄭玄「用易學義理之法彌補象數治《易》的不足……為當時學界乃至後世易學研究提供了典範」〔註80〕。這些成就是鄭玄融會貫通思想的具體表現。鄭玄對自己兼用今古文有所說明。如《六藝論》云「注《詩》，宗毛為主。毛意若隱略，則更表明；如有不同，即下己意，使可識別也」；《周禮序》云「二鄭，同宗之大儒，今贊而變之」〔註81〕。皮錫瑞《經學歷史》第五章也對鄭玄「溝合

〔註77〕 清‧黃以周：《儆季雜著‧文抄》卷四。轉引自王利器：《鄭康成年譜》，第345頁，齊魯書社，1983年。

〔註78〕 劉起釪：《尚書學史》，第128頁，中華書局，1989年。

〔註79〕 據《世說新語‧文學》記載，「鄭玄欲注《春秋傳》，尚未成時，行與服子慎遇，宿客舍，先未相識，服在外車上與人說己注傳意，玄聽之良久，每與己同，玄就車與語曰：『吾久欲注，尚未了，聽君向言，多與吾同，今當盡以所注與君。』遂為服氏注。」

〔註80〕 林忠軍：《鄭玄易學思想的特色》，姜廣輝主編：《中國經學思想史》，第二卷，第552頁，中國社會科學出版社，2003年。

〔註81〕 清‧陳澧：《東塾讀書記》，第271頁，三聯書店，1988年。「二鄭」指鄭興、鄭眾。

爲一」的做法進行了全面總結，以爲他「注《尚書》用古文，而多異馬融：或馬從今而鄭從古，或馬從古而鄭從今。……箋《詩》以毛爲主，而間易毛字。自云『若有不同，便下己意。』所謂己意，實本三家。注《儀禮》並存今古文：從今文則注內疊，從古文則注內疊出今文。……注《論語》，就《魯論》篇章，參之《齊》、《古》，爲之注，云：『《魯》讀某爲某，今從古』」。周予同注中更舉大量實例對皮氏之說予以補充，現擇兩條如下：

> 《堯典》「曰若稽古帝堯曰放勳」句，馬訓「稽」爲「考」，言堯順考古道而行之，此古文說也。鄭訓「稽」爲「同」，訓「古」爲「天」，稽古，同天，言堯同於天，此今文說也。

> 《商頌·玄鳥》「天命玄鳥，降而生商。」毛傳：「玄鳥，鳦也。春分，玄鳥降。湯之先祖有娀氏女簡狄，配高辛氏帝。帝率與祈於郊禖而生契。故本起爲天所命，以玄鳥至而生焉。」按此古文說，以簡狄於春分燕至時，與帝祈於郊禖，因而生契。鄭箋：「降，下也。天使鳦下而生商者，謂鳦遺卵，有娀氏之女簡狄吞之，而生契。」

> 按此今文說，以簡狄吞燕卵而生契。鄭主後說，是鄭從三家也。

可見鄭玄之學既有宗主，又兼采眾長。

鄭玄雖自言「念述先聖之元意，思整百家之不齊」，但其學術思想的主旨是取同存異而非追求一統。在他的學術體系中，群經儼然成爲一個相互依存、相互發明的文獻系統。鄭玄博大閎通的思想影響了一代學風。經學發展至東漢時期，已現「異端紛紜，互相詭激，遂令經有數家，家有數說，章句多者或乃百餘萬言，學徒勞而少功，後生疑而莫正」的病容，但「鄭氏家法」的形成使「自是學者略知所歸」〔註82〕，「經學至鄭君一變」〔註83〕。鑒於這種變化，有學者以爲鄭玄創立了一個新的學派，周予同謂之「通學派」〔註84〕，章權才謂之「綜合學派」〔註85〕。名稱不同，但都點明了鄭玄思想的最大特點，即「通」與「綜」。

以鄭玄爲代表的漢代博學兼綜之士，出於學術研究的需要，自覺拆除了經今古文之間曾經森嚴的壁壘，使二者道通爲一。於漢代文獻學的主要形式

〔註82〕《後漢書》卷35《張曹鄭列傳》。

〔註83〕清·皮錫瑞：《經學歷史》第五章《經學中衰時代》，中華書局，1959年。

〔註84〕朱維錚主編：《周予同經學史論著選集》，第326頁，上海人民出版社，1996年。

〔註85〕章權才：《兩漢經學史》，第242頁，廣東人民出版社，1990年。

經學而言，他們既是總結者，又是終結者。在他們融會和合思想的作用下，中國文獻學的重鎮「漢學」終於形成。

第四節　漢代文獻學思想的主要缺陷

一、司馬遷文獻徵實中的「過猶不及」

　　本文第一章已經提到，在「文」產生之前，以系統化的知識及其傳述者為基礎的「獻」是傳承文明的惟一載體。早期獻的承載多源於遠古傳說，其間史實與神話相混的現象不可避免，因此其理性色彩往往較為淺淡。當司馬遷著手寫作《史記》的開篇《五帝本紀》時，這個問題就已凸顯。在這篇中華文明開創者的傳記中，太史公以史論的形式對自己的兩難境地作了交待：

> 學者多稱五帝，尚矣。然《尚書》獨載堯以來；而百家言黃帝，其文不雅馴，薦紳先生難言之。孔子所傳宰予問《五帝德》及《帝繫姓》，儒者或不傳。余嘗西至空桐，北過涿鹿，東漸於海，南浮江淮矣，至長老皆各往往稱黃帝、堯、舜之處，風教固殊焉，總之不離古文者近是。予觀春秋、國語，其發明《五帝德》、《帝繫姓》章矣，顧弟弗深考，其所表見皆不虛。《書》缺有間矣，其軼乃時時見於他說。非好學深思，心知其意，固難為淺見寡聞道也。余並論次，擇其言尤雅者，故著為本紀書首。

字裏行間，不難看出作者的無奈：一方面，是「獻」保存了大量相關信息，所謂「學者多稱五帝」、「百家言黃帝」、各地「長老皆各往往稱黃帝」；而另一方面，卻是「獻」之所傳「不雅馴」，令人心存疑慮而「難言之」。

　　司馬遷最終的策略是「擇其言尤雅者」，即選取在他看來可信度高的部分寫入《五帝本紀》。這種做法符合他對待文獻的審慎原則。如《大宛列傳》中，太史公亦曰：

> 禹本紀言「河出崑崙。崑崙其高二千五百餘里，日月所相避隱為光明也。其上有醴泉、瑤池」。今自張騫使大夏之後也，窮河源，惡睹本紀所謂崑崙者乎？故言九州山川，尚書近之矣。至禹本紀、山海經所有怪物，余不敢言之也。

面對「山海經」等由於早期「獻」的保存而流傳下來的資料，他同樣謹慎地

表示「所有怪物，余不敢言」。

司馬遷對待文獻的質實態度是令人敬佩的。正是這種徵實存疑的學術品格，使《史記》閃耀著理性主義的光輝，文質事核，號稱「實錄」。但是經「獻」而穿越時空長期流佈的傳說，是否都是不能採信的不雅之言？對此司馬遷似乎缺乏文獻學分析。

如前所述，「不雅馴」之言的最大特點就是理性色彩的淺淡。徐中舒等人認爲不雅馴的史料畢收於《山海經》中〔註86〕。說「畢收」倒未必，《山海經》中的有關記述的確與《五帝本紀》文質迴異卻是不爭的事實。如《山海經》卷七《海外西經》云：

> 軒轅之國，在窮山之際，其不壽者八百歲。在女子國北，人面蛇身，尾交首上。窮山在其北，不敢西射，畏軒轅之丘。在軒轅國北，其丘方，四蛇相繞。諸夭之野，鸞鳥自歌，鳳鳥自舞。鳳皇卵，民食之；甘露，民飲之，所欲自從也。百獸相與群居。在四蛇北，其人兩手操卵食之，兩鳥居前導之。

《山海經》卷一四《大荒東經》云：

> 東海之渚中，有神，人面鳥身，珥兩黃蛇，踐兩黃蛇，名曰禺䝬。黃帝生禺䝬，禺䝬生禺京，禺京處北海，禺䝬處東海，是惟海神。東海中有流波山，入海七千里。其上有獸，狀如牛，蒼身而無角，一足，出入水則必風雨，其光如日月，其聲如雷，其名曰夔。黃帝得之，以其皮爲鼓，橛以雷獸之骨，聲聞五百里，以威天下。

不惟太史公，即便二千多年後的我們乍看之下，也難免覺得荒誕詭異。但是值得注意的問題是：這部令司馬遷「不敢言」的作品在經過近現代諸多中外學者嚴肅認眞的多方位考證之後，其周身霧障已漸消退：王國維據殷商卜辭斷定其中有信史成分〔註87〕；小川琢治認爲「其於中國歷史及地理之研究爲唯一重要之典籍」〔註88〕；徐旭生認爲它是「現在存在的我國最古的」，「相當可信之地理書」〔註89〕；特別值得注意的是張步天的見解，他說：「《山海經》記載了中華民族的源頭」，「從某種意義上說，《山海經》是一部以黃帝爲中心的上古志書

〔註86〕徐中舒、唐嘉弘：《〈山海經〉和黃帝》，《山海經新探》，1986 年。
〔註87〕王國維：《殷卜辭中所見先公先王考》，《王國維遺書》，第二冊，上海古籍書店，1983 年。
〔註88〕〔日〕小川琢治：《支那歷史地理研究》，1928 年。
〔註89〕徐旭生：《〈山海經〉的地理意義》，《地理知識》1955 年第 8 期。

〔註90〕」。《山海經》較爲眞實地反映了人類童年的主觀世界及其認識的客觀世界，這在學界已成定論，那麼所謂「不雅馴」之言也並非全然虛妄明矣！

在我們現在所能釋讀的成熟文字出現之前，人類已經能夠精準地表達和傳遞各種信息。這些信息彙集成「獻」，進而爲「文」，代代相傳。它們或許會因爲後人理解上的偏差而有些走樣，但其核心和素材是客觀的存在。以上舉《山海經》中黃帝二事爲例，正是因爲黃帝的事迹以種種文獻形式不斷相傳，才使得先秦時人信以爲眞地稱道他、傳述他。其間雖有神話，但神話本身就「是一種原始的認識和表現形式，在其中的事實和構想之間並沒有清晰的界限」〔註91〕。「人面蛇身」、「人面鳥身」等奇異現象不過是「獻」之於人類早期氏族圖騰的隱約印象或對記憶中領袖人物所具能力的誇張。據司馬遷所記漢高祖劉邦也是「隆準而龍顏」〔註92〕——太史公既未以此爲荒誕難言，那他以早期傳說「不雅馴」而全然加以摒棄的做法就顯得有些過分。

關於司馬遷徵實太過還有一個典型的事例。《詩經・商頌・玄鳥》中的「天命玄鳥，降而生商」，《詩經・大雅・生民》中的「厥初生民，時維姜嫄。生民如何？克禋克祀，以弗無子。履帝武敏歆，攸介攸止，載震載夙。載生載育，時維后稷」，原本都是對人類歷史上男性始祖及其母可考而其父不可考階段的寫照。但毛傳竭力維護聖人的尊嚴，解釋說「本其初生此民者，誰生之乎？是維姜嫄。言有女姓姜名嫄生此民也。既言姜嫄生民，又問民生之狀。言姜嫄之生此民，如之何以得生之乎？乃由姜嫄能禋敬能恭祀於郊禖之神，以除去無子之疾，故生之也。禋祀郊禖之時，其夫高辛氏帝率與俱行，姜嫄隨帝之後，踐履帝迹，行事敬而敏疾，故爲神歆饗。神既饗其祭，則愛而祐之，於是爲天神所美大，爲福祿所依止，即得懷任，則震動而有身。祭則蒙祐獲福之夙早，終人道則生之。既生之，則長養之。及成人有德，爲舜所舉用，播種百穀，以利益下民，維爲后稷矣。本其初生，故謂之生民」，以爲「聖人皆有父」。司馬遷徵實的結果，是襲用毛傳貌似合理之說，載「殷契，母曰簡狄，有娀氏之女，爲帝嚳次妃」〔註93〕，「周后稷，名棄。其母有邰氏女，曰姜嫄。姜嫄爲帝嚳元妃」〔註94〕，爲簡狄與姜嫄徵出了丈夫，爲契與后稷徵出了生父。

〔註90〕張步天：《山海經概話》，第407頁，天馬圖書有限公司，2003年。
〔註91〕〔英〕湯因比：《歷史研究》上，第55頁，上海人民出版社，1997年。
〔註92〕《史記》卷8《高祖本紀》。
〔註93〕《史記》卷3《殷本紀》。
〔註94〕《史記》卷4《周本紀》。

　　與司馬遷相比，劉歆與鄭玄對於傳說文獻的態度較為公正客觀。如劉歆《上山海經表》中認為：

> 《山海經》者，出於唐虞之際。……皆聖賢之遺事，古文之著明者也。其事質明有信。……可以考禎祥變怪之物，見遠國異人之謠俗。……博物之君子其可不惑焉。

鄭玄也沿襲了殷周之祖的感生之說，於箋中言「高辛氏之世，玄鳥遺鳦卵，簡狄吞之而生契」、「當祀郊禖之時，有上帝大神之迹。姜嫄因祭見之，遂履此帝迹拇指之處，而足不能滿，時即心體歆歆，如有物所在身之左右，所止住於身中，如有人道精氣之感己者也。於是則震動而有身，則肅戒不復御」。

　　司馬遷在對待傳說文獻時徵實太過的做法，其本義是追求真相，結果卻是對理性的偏離。

二、學術的屈從

　　漢代是中國學術踵春秋戰國之後的第二個重要發展時期，也是中國文獻學主線與主體的確立時期。此期文獻學取得了一些持久閃耀光芒的重大成就，同時也呈現出不容小覷的屈從特徵。這種屈從主要表現為對政治的屈從。

　　成熟於先秦時期的中國古代學術，原來具備自由與獨立的優良傳統。春秋戰國時學派眾多，《莊子》提出「百家之學」的概念〔註95〕，《呂氏春秋》據代表人物及其思想主張分其為十派（「孔子貴仁，墨翟貴廉，關尹貴清，子列子貴虛，陳駢貴齊，陽生貴己，孫臏貴勢，王廖貴先，兒良貴後」）〔註96〕，司馬談則明確地概括出「六家」（陰陽家、儒家、墨家、名家、法家、道家）系統。無論其中哪一家，都鮮有對政治的屈從行為。孔子沒有為得到統治者的禮遇改變自己的主張，墨子為捍衛自己的主張拒絕統治者的禮遇：他們的行為為學術獨立作出了最精闢的注腳。即便是法家學說也並非為強秦量身定做，是後者相中了前者，就像是嬴政先向韓非示好。先秦的學術獨立無疑得益於當時開放、多元、兼收並蓄的學術環境，在這樣的環境中，不要說「名門正派」，即便是縱橫各國的投機策士們都挺直了後背不想看人臉色，堅信「此處不留爺、自有留爺處」──蘇秦懷才不遇於秦數年後，改變了初衷，但改

〔註95〕《莊子‧天下》。
〔註96〕《呂氏春秋‧不二》。

變的原由是想報復而不是要屈服〔註97〕。正是由於能以獨立的學術人格做獨立的學術研究，先秦諸子才在中國學術史上寫下了最精彩的篇章。

　　任何建立起統一政權的統治者都會對學術思想的統一提出要求，秦始皇率先進行過一次以強制手段統一思想於法家的嘗試。但法家一尊之後其他學術的反應如何，我們不大清楚。也或許由於秦朝國祚太短，各家還未及做出強烈的反應。但是照孔子後代孔鮒挾經投奔陳勝以及漢初「《詩》、《書》往往間出」的情況來看，秦始皇的目的並未完全達到。他斬了草，卻未除根，因而留下了文獻與學術再度繁榮的「隱患」。果然在漢朝建國之初，儘管統治者專寵黃老學說，諸子學還是出現了短暫的復興，其標誌便是《淮南鴻烈》的成書。當然隨著淮南王劉安獄起，「坐死者數萬人」〔註98〕，學術繁榮暫時成為癡人的白日夢。封建專制注定了自由獨立的學術傳統無法得到繼承，日益集中的強權使得學者們不再有戰國士人直言「士貴爾，王者不貴」〔註99〕的勇氣，他們感到了來自專制政治的強大壓力，漢文帝時名臣賈山對這種壓力作出了精闢的描述：「雷霆之所擊，無不摧折者；萬鈞之所壓，無不糜滅者。今人主之威非特雷霆也，勢重非特萬鈞也」〔註100〕。在威於雷霆、重過萬鈞的壓力之下，包括文獻學在內的漢代學術選擇了屈從。

　　屈從的第一階段表現為向權勢的靠攏，儒家學派在這一階段充當了先鋒。漢高祖劉邦早先就「不喜儒」，有一個時期他甚至有動輒解諸客之儒冠「溺其中」的惡習；當上皇帝後，他對於時時稱《詩》、《書》的儒者也張口閉口「你老子我用不著這些玩藝兒」云云。曾為先秦顯學的儒學得不到這位開國皇帝的絲毫尊重，但儒生們並沒有秉承「士可殺不可辱」或「窮則獨善其身」的祖訓，也拋卻了先驅對於君臣之間「君之視臣如手足，則臣視君如腹心……君之視臣如土芥，則臣視君如寇讎」〔註101〕的平等關係的追求。他們開始積極尋找通向權力中心的突破口。陸賈將逆取順守的種種史事整理成文獻上呈說明「文武並用」的必要，叔孫通則利用文獻製定朝儀滿足劉邦享受帝王尊貴的心理需要。如果前者還算忍辱負重的話，後者簡直就是投其所好。這一階段中，儒家借助於文獻開始了自我改造。

〔註97〕　《戰國策・秦策一》。

〔註98〕　《漢書》卷27《五行志》。

〔註99〕　《戰國策・齊策四》。

〔註100〕　《漢書》卷51《賈鄒枚路傳》。

〔註101〕　《孟子・告子下》。

　　屈從的第二階段是爲專制者奉獻有資於治道的統治理論。這個階段的絕對主角仍然是儒生。在當時儒學大師董仲舒的手裏，儒家注重倫理綱常、強調等級秩序的思想被改造成爲崇拜政治權威的理論。他利用經典詮釋的文獻學手段力倡君臣大義、君爲臣綱，鼓吹帝王是「國之元」、「國之本」〔註102〕，宣揚「爲人君者，正心以正朝廷，正朝廷以正百官，正百官以正萬民，正萬民以正四方」〔註103〕，尊奉帝王爲道德之表率、萬民之準繩，從理論上樹立帝王在人世間至高無上的威信。他瞭解學術大一統對於政治大一統的必要，建議「諸不在六藝之科、孔子之術者，皆絕其道，勿使並進」〔註104〕。這個建議與李斯的「史官非秦記皆燒之，非博士官所職，天下有藏《詩》、《書》、百家語者悉詣守、尉雜燒之」〔註105〕何其神似！但是李斯遵循著法家精神，而董子背離了先師「和而不同」的高尚文化觀念。

　　屈從的最高階段是與政治合流、成爲統治者實施統治的工具。董仲舒的思想令不斷尋找合適的指導思想和思維模式的統治者眼前一亮，一種統治者和被統治者都需要的「關於所運用的或所服從的權威具有合法性的信念」〔註106〕出現了。於是漢武帝決然罷黜百家，獨尊儒術。雖然儒術獨尊局面的出現有多種深刻原因，但這種屈從無疑是要因之一。

　　儒術獨尊之後，經學成爲時代學術的核心和主要表現形式，也成爲儒學的代稱。「經學」一詞在文獻中的出現雖晚至漢代，但作爲儒家經典的詮釋學，它其實隨著儒家經典的產生而濫觴、發展而發展。從整理六經的孔子到發明章句的子夏，從「通五經，尤長於《詩》、《書》」〔註107〕的孟子到「六藝之傳賴以不絕」〔註108〕的荀子，他們都沒有把經學引上專事權貴的路途。漢以前已有解釋經文的文獻，如《易》傳、《禮》記、《春秋》五傳等。它們無論是偏重於章句解釋還是留意於義理發揮，也都沒有向政治低頭。但是學術屈從的第三階段卻賦於經學新的特徵，它搖身從在野之學變爲帶有權威意味的官

〔註102〕《春秋繁露・立元神》。
〔註103〕《漢書》卷56《董仲舒傳》。
〔註104〕《漢書》卷56《董仲舒傳》。
〔註105〕《史記》卷6《秦始皇本紀》。
〔註106〕〔英〕G・鄧肯・米切爾主編：《新社會學詞典》，第24頁，上海藝文出版社，1987年。
〔註107〕《孟子題辭》。
〔註108〕清・皮錫瑞：《經學歷史》第二章《經學流傳時代》，中華書局，1959年。

方學術，並開始滲透到政治、經濟、法律、文化的各個方面，成為一種「時代思潮」〔註109〕。例如董仲舒的春秋公羊學，它通過對《春秋》等經典的解釋與附會，不僅提供了天人感應、君權神授、奉天法古、王道三綱等有利於統治秩序神聖化、秩序化的理論，還取代法律成為斷案的依據。對於儒家經典的重要性，當權者和學者的認識驚人的相似。漢明帝云：「夫五經廣大，聖言幽遠，非天下之至精，豈能與與此」〔註110〕；班固亦云：「六藝者，王教之典籍，先聖所以明天道、正人倫、致至治之成法也」〔註111〕。學術為政治提供理論依據，政治為學術提供利祿保障，二者之間的聯繫變得如此密切，其膠著程度後來任何一個時代都無法與之比擬。

應該說，對政治的屈從從某種程度上為漢代文獻學的發展換取了一些有利條件。由於當權者的支持與提倡，儒家經典備受推崇，經學大師命運亨通，經學逐步走向繁盛。而經學的繁盛，一方面促進了教育事業的發展與繁榮，擴大了整個社會的受教育面，為民眾提供了更多的學習文化知識的機會，從而提高了民眾的整體文化素質；另一方面對文學、史學、哲學的發展也有所帶動和推動。但同時學術也因為屈從付出了慘重代價。首先，屈從的回報不只是政治支持，還有政治干預。漢代政治對文獻學的干預是直接的、蠻橫的。最典型的例子就是石渠閣會議和白虎觀會議。西元前51年漢宣帝召集諸儒在石渠閣講論五經異同，皇帝親自臨會議現場，給每一個議題下最後結論。東漢章帝時，經今古文之爭呈白熱化，章帝於西元79年仿石渠故事，在白虎觀召開討論五經的會議，會議的目的是統一儒家學說，會議的結果是章帝親自「稱制臨絕」，和和稀泥，作出各家都能接受的規範性結論。兩次會議中文獻學的學術爭論都遭遇了政治權威的裁決，哪裏還有什麼科學性可言！其次，屈從加劇了讀書人對功名利祿的狂熱追求，導致「士」風日下，學術腐敗。統治者對一些儒士的優待及通經而後仕的選官制度給士人們造成了讀經與富貴同步的錯覺，明經術則「取青紫如俯拾地芥」〔註112〕以及「遺子黃金滿籯，不如一經」〔註113〕的觀念深入士心。然而因通經而從政的機會畢竟有限，士人們皓首窮經的結果往往難如所願，繁瑣、浮燥之風卻由此而生。西漢後期

〔註109〕梁啓超：《清代學術概論》，第1頁，東方出版社，1996年。
〔註110〕《後漢書》卷37《桓榮丁鴻列傳》。
〔註111〕《漢書》卷88《儒林傳》。
〔註112〕《漢書》75《眭兩夏侯京翼李傳》。
〔註113〕《漢書》73《韋賢傳》。

「祿利之路」已使得「一經說至百萬餘言，大師眾至千餘人」〔註114〕，東漢時也出現「博士倚席而不講，儒者競論浮麗，忘謇謇之忠，習諓諓之辭」〔註115〕的現象，這就是漢代的學術腐敗。

總之，漢代文獻學對政治的屈從，換取了強有力的支持，也使自身成為政治的婢女。經學走向繁瑣和形而上及其最終與讖緯的同流合污，就是屈從的惡果。

〔註114〕《漢書》75《眭兩夏侯京翼李傳》。
〔註115〕《後漢書》卷32《樊宏陰識列傳》。

結　語

　　漢代文獻學具備了最為基本的學術品質，即學術實踐及學術理論。漢代學者圍繞文獻所展開的深入細緻的實踐活動，不僅成績斐然，同時成為文獻學思想理論產生、發展和創新的活水源。司馬遷、劉向、劉歆、鄭玄等人的考證校注實踐及其對於文獻學思想理論的探索成為那個時代文獻學成就的標誌。豐富的實踐，成型的理論，使漢代文獻學達到前所未有的水平。較之周秦偶然與自發的文獻活動，我們已經感受到漢代文獻學學術品質中濃重的自覺色彩。這種學術自覺正是學科體系得以形成的關鍵。中國文獻學的學術原則、學術路向、學術思想從此確定。清代學者阮元以為「學術勝衰，當於百年前後論陞降」〔註1〕。漢代學者以目錄、版本、校勘、辨偽、注釋、考據為龍骨構建的學術殿堂，在中國古代千餘年的時光流逝中，始終引人入勝、未顯沈降氣象，足以說明漢代文獻學成就的輝煌。

　　但輝煌並不意味著完善。有「中國的文藝復興」〔註2〕之稱的清代學術對漢學進行了全面總結，在念念不忘「校讎之義，蓋始自劉向父子」〔註3〕和極力推崇《漢志》〔註4〕的同時，也指出了漢學的不足。《四庫全書總目》對其不足所作的「其學也拘」的概括最為精當。《總目》此言雖對漢代經學而發，

〔註1〕　清・阮元：《十駕齋養新錄・序》，清・錢大昕：《十駕齋養新錄》，上海書店，
　　　　1983年。
〔註2〕　傅斯年：《清代學問的門徑書幾種》，轉引自王子今：《20世紀中國歷史文獻研
　　　　究》，第22頁，清華大學出版社，2002年。
〔註3〕　清・章學誠：《校讎通義・敘》，北京古籍出版社，1956年。
〔註4〕　如清・王鳴盛《十七史商榷》引金榜語稱《漢志》為「學問之眉目，著述之
　　　　門戶」。

但文獻學是經學的母體，拘泥也是漢代文獻學之弊。這一弊端的重要體現，是實踐與理論之間的失衡。章學誠曾經對學術研究過程中的抽象與具體做過生動的說明，以爲「高明者，多獨斷之學；沉潛者，尚考索之功。天下之學術，不能不具此二途，譬猶日晝而月夜，暑夏而寒冬，以之推代而歲功，則有相需之益；以之自封而立畛域，則有兩傷之弊」〔註5〕。漢代文獻學家多沉潛於深廣兼具的學術研究，重視並善於「考索」，漢代文獻學因此具備了質實的形式與特徵。但對於「考索」的拘泥，又使學者對學術中的大本原與大境界缺乏足夠的探求，較少「獨斷」之功，從而對建立完整的思想理論體系產生了不利影響。漢代文獻學的確具備了理論自覺也取得了理論成就，但仍未形成系統的學術思想理論。之所以出現這樣的局面，從學術角度看，其學術先源中重述輕作傳統的影響，使漢代文獻學思想理論帶上了它初創階段不可避免的粗疏特徵。另一方面，漢代尊儒重經的政治需要和時代思潮也以其難以抗拒的強勢使漢代文獻學思想理論偏離了其合理的發展方向。但無論如何，作爲周秦文獻活動的總結者和中國文獻學的正式開山，漢代文獻學及其思想在中國文獻學史上留下了巨大而珍貴的學術遺產，從而樹立了它在中國學術史上不可撼動的地位，對於今天建設完善的中國文獻學學科體系依然具有至關重要的影響。

〔註 5〕清・章學誠：《文史通義・天喻》，中華書局，1985 年。

主要參考文獻

1. 《十三經注疏》,〔清〕阮元校刻,上海古籍出版社,1997 年。
2. 《四書集注》,〔宋〕朱熹集注,陳戍國標點,嶽麓書社,1988 年。
3. 《論語正義》,〔清〕劉寶楠正義,中華書局,1990 年。
4. 《說文解字注》,〔漢〕許慎撰、〔清〕段玉裁注,上海古籍出版社,1988 年。
5. 《史記》,〔漢〕司馬遷撰,中華書局二十四史點校本,1959 年。
6. 《漢書》,〔漢〕班固撰,中華書局二十四史點校本,1962 年。
7. 《後漢書》,〔漢〕范曄撰,中華書局二十四史點校本,1965 年。
8. 《隋書》,〔唐〕魏徵等撰,中華書局二十四史點校本,1973 年。
9. 《國語》,上海師大古籍整理組點校,上海古籍出版社,1978 年。
10. 《戰國策箋注》,張清常、王延棟箋注,南開大學出版社,1993 年。
11. 《山海經校譯》,袁珂校譯,上海古籍出版社,1985 年。
12. 《史通通釋》,〔唐〕劉知幾撰、〔清〕浦起龍校釋,上海古籍出版社,1978 年。
13. 《通志二十略》,〔宋〕鄭樵撰、王樹民點校,中華書局,1995 年。
14. 《文獻通考》,〔元〕馬端臨撰,中華書局,1972 年。
15. 《諸子集成》,中華書局,1954 年。
16. 《新編諸子集成》,中華書局,1987 年。
17. 《昭明文選》,〔南朝梁〕蕭統選、〔唐〕李善注、韓放校點,京華出版社,2000 年。
18. 《北堂書鈔》,〔隋〕虞世南編,天津古籍出版社,1988 年。
19. 《藝文類聚》,〔唐〕歐陽詢等編,中華書局,1965 年。

20. 《初學記》，〔唐〕徐堅等編，中華書局，1962 年。

21. 《太平御覽》，〔宋〕李昉等編，中華書局，1985 年。

22. 《少室山房筆叢‧四部正訛》，〔明〕胡應麟，上海書店，2001 年。

23. 《校讎通義》，〔清〕章學誠撰、劉公純標點，北京古籍出版社，1956 年。

24. 《文史通義》，〔清〕章學誠撰，中華書局，1985 年。

25. 《崔東壁遺書》，〔清〕崔述撰，上海古籍出版社，1983 年。

26. 《龔自珍全集》，〔清〕龔自珍，上海人民出版社，1975 年。

27. 《東塾讀書記》，〔清〕陳澧，三聯書店，1988 年。

28. 《全上古三代秦漢三國六朝文》，〔清〕嚴可均校輯，中華書局，1958 年。

29. 《經學通論》，〔清〕皮錫瑞撰，中華書局，1954 年。

30. 《經學歷史》，〔清〕皮錫瑞撰、周予同注，中華書局，1959 年。

31. 《快閣師石山房叢書‧七略別錄佚文》，〔清〕姚振宗輯，浙江省立圖書館排印本，1932 年。

32. 《兩漢三國學案》，〔清〕唐晏撰、吳東民點校，中華書局，1986 年。

33. 《中國通史》（第二冊），范文瀾，人民出版社，1963 年。

34. 《秦漢史》，林劍鳴，上海人民出版社，1989 年。

35. 《王國維遺書》，王國維，上海古籍書店，1983 年。

36. 《國學講演錄》，章太炎，華東師範大學出版社，1995 年。

37. 《中國文獻學概要》，鄭鶴聲、鄭鶴春，上海古籍出版社，2001 年。

38. 《中國目錄學史》，姚明達，上海古籍出版社，2002 年。

39. 《王欣夫說文獻學》，王欣夫，上海古籍出版社 2000 年。

40. 《余嘉錫說文獻學》，余嘉錫，上海古籍出版社，2001 年。

41. 《中國文獻學》，張舜徽，中州畫社出版社，1982 年。

42. 《中國古典文獻學》，吳楓，齊魯書社，1982 年。

43. 《古典文獻學》，羅孟禎，重慶出版社，1990 年。

44. 《中國歷史文獻學》，王餘光，武漢大學出版社，1988 年。

45. 《中國古文獻學史》，孫欽善，中華書局，1994 年。

46. 《中國文獻學新編》，洪湛侯，杭州大學出版社，1997 年。

47. 《文獻學概要》，杜澤遜，中華書局，2001 年。

48. 《中國古文獻學》，孫欽善，北京大學出版社，2006 年。

49. 《中國文學文獻學》，張君炎，江西人民出版社，1986 年。

50. 《中國文獻學》，周彥文，臺灣五南圖書出版公司，1993 年。

51. 《20 世紀中國歷史文獻研究》，王子今，清華大學出版社，2002 年。

52. 《文獻生產的社會化及其管理》，賀修銘，湖南教育出版社，1997 年。

53. 《宋代文獻學研究》，張富祥，上海古籍出版社，2006 年。

54. 《漢書藝文志注釋彙編》，陳國慶，中華書局，1983 年。

55. 《古籍目錄學》，周少川，中州古籍出版社，1996 年。

56. 《中國辨偽學史》，楊緒敏，天津人民出版社，1999 年。

57. 《中國藏書史》，傅璇琮、謝灼華，寧波出版社，2001 年。

58. 《中國典籍史》，李致忠、周少川等，上海人民出版社，2004 年。

59. 《校勘學概論》，戴南海，陝西人民出版社，1986 年。

60. 《校勘學》，錢玄，江蘇古籍出版社，1988 年。

61. 《中國古代詮釋學研究》，周裕鍇，上海人民出版社，2003 年。

62. 《詮釋學與先秦儒家之意義生成——〈論語〉〈孟子〉〈荀子〉對古代傳統的解釋》，劉耘華，上海譯文出版社，2002 年。

63. 《古籍的闡釋》，董洪利，遼寧教育出版社，1995 年。

64. 《文字學概要》，裘錫圭，商務印書館，1988 年。

65. 《中國文字學》，唐蘭，上海古籍出版社，1979 年。

66. 《漢字學》，劉志成主編，天地出版社，2002 年。

67. 《清代學術概論》，梁啟超，東方出版社，1996 年。

68. 《中國近三百年學術史》，梁啟超，東方出版社，1996 年。

69. 《劉師培全集》（第三冊），劉師培，中共中央黨校出版社，1997 年。

70. 《中國文化史》，柳詒徵，中國大百科全書出版社，1988 年。

71. 《中國哲學史大綱》，胡適，上海古籍出版社，1997 年。

72. 《中國哲學簡史》，馮友蘭，北京大學出版社，1985 年。

73. 《中國思想傳統的現代詮釋》，余英時，江蘇人民出版社，1995 年。

74. 《中國思想史》，張豈之主編，西北大學出版社，2003 年。

75. 《中國辯證法思想史》，方克，人民出版社，1985 年。

76. 《中國思想史》（第一卷），葛兆光，復旦大學出版社，1991 年。

77. 《中國學術通史》（先秦、秦漢卷），張立文主編，人民出版社，2004 年。

78. 《中國經學史講義》，周予同，上海文藝出版社，1999 年。

79. 《周予同經學史論著選集》，朱維錚主編，上海人民出版社，1996 年。

80. 《中國經學史的基礎》，徐復觀，臺灣學生書局，1982 年。

81. 《兩漢經學史》，章權才，廣東人民出版社，1990 年。

82. 《中國經學思想史》，第一、二卷，姜廣輝主編，中國社會科學出版社，2003 年。

83. 《中國史學史》，金毓黼，商務印書館，1999 年。

84. 《中國史學思想史》（先秦卷），吳懷祺主編，黃山書社，2005 年。

85. 《兩漢經學今古文平議》，錢穆，商務印書館，2001 年。

86. 《兩漢思想史》，徐復觀，華東師範大學出版社，2001 年。

87. 《秦漢思想史》，周桂鈿，河北人民出版社，2000 年。

88. 《漢代思想史》，周桂鈿，中國社會科學出版社，2006 年。

89. 《漢代思潮》，龔鵬程，商務印書館 2005 年。

90. 《中國元典精神》，馮天瑜，武漢大學出版社，2006 年。

91. 《重寫學術史》，李學勤，河北教育出版社，2002 年。

92. 《簡帛佚籍與學術史》，李學勤，臺灣時報文化出版企業有限公司，1994 年。

93. 《中國學術史新證》，廖名春，四川大學出版社，2005 年。

94. 《漢代學術史》，王鐵，華東師範大學出版社，1995 年。

95. 《中國古代文明十講》，李學勤，復旦大學出版社，2003 年。

96. 《秦漢仕進制度》，黃留珠，西北大學出版社，1985 年。

97. 《秦漢歷史文化論稿》，黃留珠，三秦出版社 2002 年。

98. 《周易經傳溯源》，李學勤，長春出版社，1992 年。

99. 《中國政教文學之起源——先秦詩說論考》，陸曉光，華東師範大學出版社，1994 年。

100. 《尚書通論》，陳夢家，中華書局，1985 年。

101. 《尚書學史》，劉起釪，中華書局，1989 年。

102. 《尚書源流及傳本》，劉起釪，遼寧大學出版社，1997 年。

103. 《尚書綜論》，蔣善國，上海古籍出版社，1988 年。

104. 《論語集釋》，程樹德，中華書局，1990 年。

105. 《孟子譯注》，楊伯峻，中華書局，1962 年。

106. 《羅根澤說諸子》，周勳初編，上海古籍出版社，2001 年。

107. 《黃帝四經與黃老思想》，余明光，黑龍江人民出版社，1989 年。

108. 《先秦諸子繫年·外一種》，錢穆，河北教育出版社 2002 年。

109. 《董仲舒評傳》，王永祥，南京大學出版社，1995 年。

110. 《劉向評傳》，徐興無，南京大學出版社，2005 年。

111. 《鄭康成年譜》，王利器，齊魯書社，1983 年。

112. 《文化人類學》，童恩正，商務印書館，1991 年。

113. 《中國造紙史話》，潘吉星，商務印書館，1998 年。

114. 《書於竹帛》，錢存訓，上海書店，2004 年。

115. 《殷周金文集成》，中國社會科學院考古研究所編，中華書局，1985～1994年。

116. 《馬王堆漢墓帛書》，馬王堆漢墓帛書整理小組，文物出版社，1976 年。

117. 《銀雀山漢墓竹簡》，銀雀山漢墓竹簡整理小組，文物出版社，1975 年。

118. 《尹灣漢墓簡牘》，連雲港市博物館、東海縣博物館、中國社會科學院簡帛研究中心、中國文物研究所，中華書局，1997 年。

119. 《張家山漢墓竹簡》，張家山漢墓竹簡整理小組，文物出版社，2001 年。

120. 《歷史哲學》，〔德〕黑格爾著、王造時譯，三聯書店，1956 年。

121. 《哲學史講演錄》（第一卷），〔德〕黑格爾著、賀麟、王太慶譯，商務印書館，1959 年。

122. 《藝術的起源》，〔德〕格羅賽著、蔡慕暉譯，商務印書館，1984 年。

123. 《存在與時間》，〔德〕海德格爾著、陳嘉映、王慶節譯，第 181～186 頁，三聯書店，1987 年。

124. 《歷史文獻學四十年之我見》，吳楓，《古籍整理研究學刊》1959 年第 5 期。

125. 《關於中國古代文獻與古文獻學史》，孫欽善，《社科縱橫》1994 年第 1 期。

126. 《中國文獻學理論研究百年概述》，王餘光，《圖書與情報》1999 年第 3 期。

127. 《關於文獻學體系的來源——文獻學理論研究之一》，柯平，《河南圖書館學刊》1995 年第 1 期。

128. 《關於文獻學體系的研究法——文獻學理論研究之二》，柯平，《河南圖書館學刊》1997 年第 1 期。

129. 《從校讎學到文獻學：中國文獻學理論認知的軌迹探討》，高俊寬，《圖書情報工作》2002 年第 1 期。

130. 《中國古典文獻學和歷史文獻學的概念和文史分合問題》，黃永年，《古籍整理與研究》1987 年第 2 期。

131. 《我國文獻學的現狀和歷史文獻學的定位》，馮浩菲，《學術界》2000 年第 4 期。

132. 《文獻學綜論》，駱偉，《圖書館學論壇》2003 年第 6 期。

133. 《中國歷史文獻學學科建設的思考》，周少川、陳曉華，《歷史文獻研究》總第 22 期。

134. 《關於中國歷史文獻學基本理論的幾點認識》，張子俠，《安徽大學學報》2005 年第 4 期。

135. 《關於中國文獻學學科體系的研究綜述》，陳光華，《圖書館學研究》2006年第 1 期。

136. 《孔子在中國古典文獻學史上的地位和作用》，王純，《津圖學刊》，2001年第 3 期。

137. 《試論中國古代文獻學的繁榮》，鄭家福，《西南師範大學學報》（哲社版）1992 年第 1 期。

138. 《戰國時代〈詩〉的傳播與特點》，馬銀琴，《文學遺產》2006 年第 3 期。

139. 《略論漢初儒家知識份子》，魯同群，《南京師範大學學報》（社科版）2003年第 2 期。

140. 《論漢代文獻整理的思想和方法》，王國強，《大學圖書館學報》2005 年第 4 期。

141. 《簡論兩漢時期中國文獻學的發展與成就》，李傑，《圖書館論壇》2001年第 4 期。

142. 《劉向劉歆父子的學術史觀》，鄭萬耕，《史學史研究》2003 年第 1 期。

143. 《中國古典目錄學研究概述（1950～1988）》，曹書傑，《古籍整理研究學刊》1989 年第 5 期。

144. 《中國目錄學基本精神探討》，王國強，《鄭州大學學報》（哲社版）1993年第 5 期。

145. 《兩漢時期的目錄學》，周丕顯，《蘭州大學學報》（社科版）1984 年第 4 期。

146. 《試論太史公目錄學》，劉洪全，《內蒙古大學學報》（哲社版）1992 年第 4 期。

147. 《論古書版本學》，李致忠，《吉林省圖書館學會會刊》1979 年第 1 期。

148. 《古籍版本與版本學》，郭松年，《吉林省圖書館學會會刊》1980 年第 4 期。

149. 《關於我國古籍版本學歷史階段劃分的思考》，劉國珺，《古籍整理研究學刊》1991 年增刊。

150. 《中國古籍版本學形成時期再辯》，李明傑，《圖書與情報學》2002 年第 1 期。

151. 《關於校勘學的性質與對象》，白兆麟，《古籍整理研究學刊》1996 年第 1 期。

152. 《談經學與文獻學的關係》，李學勤，《河南師範大學學報》（哲社版）2005年第 2 期。

153. 《經學是文獻學中最基本的部分》，周少川，《河南師範大學學報》（哲社版）2005 年第 2 期。

154.《司馬遷對漢代經學的傳承與超越》，劉松來，《中國人民大學學報》2006年第 1 期。

155.《鄭玄的注疏之學及其影響》，喻克明，《西南民族學院學報》（哲社版）2001 年 7 月專輯。

156.《〈白虎通義〉是不是章句》，楊權，《學術研究》2002 年第 9 期。

157.《古代辨偽學概述》，孫欽善，《文獻》，1982、1983 總第 14～16 輯。

158.《漢代辨偽略說》，胡可先，《徐州師院學報》，1994 年第 3 期。

159.《王充與辨偽》，孫欽善，《北京大學學報》（哲社版），1985 年第 5 期。

後　記

　　從某種意義上說，這篇學位論文的定稿，意味著苦樂參半的在職求學即將成爲過去，回顧論文的寫作過程，我的心裏充滿了感激。

　　感謝我的導師黃留珠先生。先生的淵博學識和謹嚴作風使我受到了良好的學術教養，先生的關愛、寬容和提攜幫助我度過了工作與學習中的諸多難關。鑒於我有從事歷史文獻教學工作的經歷，而漢代文獻學的學術成就奠定了中國文獻學的基礎與格局，因此，我入學伊始，先生出於敏銳的學術眼光，即囑我以「漢代文獻學及其思想」作爲學位論文的選題。之後，論文從開始醞釀至最後完成，從宏觀框架至具體內容，無不得到先生的悉心指點，凝結著先生的大量心血。師恩厚重，永志不忘！

　　感謝張豈之先生。在學習期間我有幸多次聆聽先生的教誨，論文的大綱也得益於先生的點撥。先生的道德文章，是我輩仰望的高山；先生的殷殷關懷，令人如沐春風。

　　感謝方光華教授、謝陽舉教授、張茂澤教授、陳占峰老師。感謝他們對論文提供了建設性意見和難得資料以及在我遭遇困厄時給予的種種幫助。

　　感謝西北大學博物館籌建處侯宗才老師。感謝他對於論文全稿的精心校勘及增色。

　　感謝西北大學文博學院的領導和同事。感謝他們多年來的關心和幫助。

　　感謝我的碩士導師周天遊先生。感謝他把我領進了學術研究的神聖殿堂。

　　感謝我的家人。當我舉步維艱時，他們的關愛和支持是我前進的最大動力。

　　由於自己學殖尚淺，本文存在的缺陷和不足顯而易見。對漢代文獻學及其思想更進層樓的全面、系統研究，將是我繼續努力的目標。

陳一梅

2007 年 5 月

初版後記

　　陳一梅的博士論文行將出版，牽動我對本書及其作者的又一輪回憶。5 年前這個時節，我和一梅提起論文出版的話題，她說想先沉澱積累一段時間再說。這正是她的性格：只要拿起來的事就一定努力做到最好。次年她進陝西師範大學做博士後，承擔著幾個重點課題，出版了 2 部與古文獻研究有關的著作。這些似乎都在爲論文出版做著準備。然而 2010 年冬，一梅卻大病竟至不治。又兩年後的今天，論文乃得付梓，實現了作者的遺願和許多人的期盼。往昔歷歷，撫卷思人，能不愴然！

　　感謝西北大學教授、一梅博士的導師黃留珠先生。黃老師對他的這個得意弟子一直褒揚有加，用心栽培，不說當初這篇慮周藻密、不俚不華的論文融入先生多少心血，在聯繫本書出版過程中，他處處操心，積極推薦、奔波並慨然作序。他的親爲讓我們走進本書的同時也領受了一份來自良師益友的文清德馨。感謝花木蘭文化出版社潘美月、杜潔祥和楊嘉樂等先生。因了他們的慧眼，這篇文字才得以呈獻給廣大讀者；楊博士敬業嚴謹、文雅謙和，讓這次合作成爲滿載和諧和希望的愉快旅程。作爲作者的摯友，我與一梅一家多年來相處如親人，他們的信賴和支持是本書出版不可缺少的保證，我感謝和祝福他們，也代表他們，向爲本書出版以及在一梅學習、工作道路上給予她過寶貴關懷、支持的各位領導、師長、同事、親友以及所有人致以誠摯的謝意。

侯宗才

2012 年 11 月記于西安